AF591130

Dr Pierre BERTIN-ROULLEAU
Archiviste de la Société Historique et Archéologique de Saint-Émilion



# SAINT-ÉMILION

## SON HISTOIRE

## SES MONUMENTS SES GRANDS VINS

## SES MACARONS

LIBOURNE
Imprimerie Libournaise, 68, rue Président-Carnot
1923



Prix : 3 francs

# SAINT-ÉMILION

**SON HISTOIRE**

**SES MONUMENTS SES GRANDS VINS**

**SES MACARONS**

Dr Pierre BERTIN-ROULLEAU

# SAINT-ÉMILION

SON HISTOIRE

SES MONUMENTS — SES GRANDS VINS

SES MACARONS

LIBOURNE
Imprimerie Libournaise, 68, rue Président-Carnot

1923

# SAINT-ÉMILION
# A TRAVERS LES AGES

L'origine de Saint-Émilion se perd dans la nuit des temps et dans les ténèbres de l'Histoire... Les documents nous manquent pour fixer d'une manière précise la date de la fondation de *Semelione*.

Au temps des Gaulois, c'était, dit *La Guyenne Monumentale*, un menhir ou hirmensul qui s'élevait à la place du clocher de Saint-Émilion et qui correspondait à celui de Pierrefite — encore debout — situé dans la commune voisine de Saint-Sulpice-de-Faleyrens.

Le temple monolithe, ajoute encore le même ouvrage, fut primitivement consacré à Teutatès, Dieu de la Guerre, le Mercure des Gaulois ; de là, d'après quelques savants, la dénomination de Saint-Émilion : Elm, erm, ermes et ilion... Elmilion, Émilion : point culminant, Montagne de Mercure. Cette étymologie, pour très ingénieuse et savante qu'elle paraisse, semble aussi des plus hasardées.

Ce qui est certain, c'est que dès les temps les plus reculés, les hauteurs sur lesquelles est bâtie Saint-Émilion furent habitées. Nous n'en voudrions pour preuve que les très nombreux silos que l'on découvre, journellement, dans le sous-sol de la ville. Il n'y a aucun inconvénient de penser, avec Piganeau, qu'avant d'être la ville forte du Moyen-Age, Saint-Émilion fut un oppidum gaulois.

Une gracieuse et poétique légende attribue la fondation de Saint-Émilion à un pieux ermite breton qui vint se fixer au centre de la forêt de Cumbis, dans un endroit alors solitaire et sauvage...

*Émilion* ou *Émilian*, né de parents obscurs et ignorants, mais élevé dans la pratique de toutes les vertus chrétiennes, se fit, toujours, remarquer par son grand amour pour les pauvres. Tout jeune, Émilion entra au service du comte de Vannes en qualité de boulanger ; il profitait de son emploi pour porter aux indigents du pain pris à l'office du château. Un jour que, selon sa coutume, il allait distribuer du pain, le seigneur prévenu, l'aborda fort courroucé et lui demanda ce qu'il portait : « Ce sont, répondit Émilion, usant d'un pieux mensonge, des morceaux de bois destinés à réchauffer les pauvres ». Et, ouvrant son manteau, il montra du bois en lequel s'étaient, miraculeusement, convertis les pains ; ceux-ci, au moment de la distribution, reprirent leur première forme et substance.

Le miracle du pain porta au loin la réputation d'Émilion. Devant les bruyants témoignages de l'admiration générale, la modestie du jeune thaumaturge s'émut et il décida d'aller s'enfermer dans un cloître. Émilion quitta le manoir, se dirigeant vers l'Espagne. La fatigue l'obligea de s'arrêter à Saujon, en Saintonge, dans un monastère de l'ordre de Saint-Benoît. On raconte que ses confrères, jaloux de sa piété et excités par le démon de l'envie, lui enlevèrent, un jour, les instruments de boulangerie au moment de la fournée, pour que les pains, trop cuits et brûlés, lui attirassent les réprimandes du prieur. Émilion, sans se déconcerter, entra lui-même dans le four, disposa les pains et se retira sans nulle incommodité. Ce fut le miracle du four.

Mais, poursuivant son idée de vivre dans la plus profonde solitude, Émilion quitta le monastère et vint se fixer en plein désert sauvage, à l'abri des rochers de la forêt de *Cumbis*.

Vue Générale de Saint-Émilion

Dans le roc, Émilion creusa une grotte pour s'abriter (c'est l'Ermitage que l'on voit encore, au-dessous de l'élégante chapelle de la Trinité). Ayant besoin d'eau pure, il fit remonter du fond du vallon, jusqu'au pied de sa rude et froide couchette, le courant d'une eau limpide et cristalline. Ce fut le miracle de la fontaine.

Le pieux ermite ne demeura pas longtemps ignoré ; sa sainteté, ses miracles, ses conversions lui attirèrent une foule de disciples. Émilion s'endormit dans le Seigneur, dit la légende, le 8 des ides de Janvier de l'an 767, Waïfre étant duc d'Aquitaine.

Les successeurs et disciples de Saint-Émilion creusèrent en son honneur l'oratoire voisin, la grandiose et formidable église monolithe, unique au monde, « le plus singulier et le plus curieux édifice qu'il soit donné de voir..... ».

La légendaire fondation de Saint-Émilion par le pieux ermite breton séduit l'esprit et le cœur par son charme désuet et poétique.

Ce fut autour de l'Ermitage de Saint-Émilion que se groupèrent les premières et pauvres masures qui formèrent le noyau de la petite agglomération...

Avec le temps, les maisons s'égaillèrent sur les côteaux. La bourgade fut érigée en commune, enclôse d'une haute et fière enceinte de murailles crénelées. Au sommet des six portes fortifiées, les fanions des rois et l'étendard fleurdelysé flottèrent tour à tour. Saint-Émilion, filleule de Bordeaux, brilla d'un pur éclat au Moyen-Age !... Elle n'est plus qu'un précieux et magnifique reliquaire de vieilles pierres de France.

Un charme poétique et troublant se dégage de cette vieille ville : « cimetière d'églises, de couvents, de chapelles et de « monuments historiques, où tout semble pleurer la mort « des belles choses du passé ; tombeau qui, aux beaux « jours, s'enguirlande de verdure et de fleurs et où dans « un décor de mort, de gravité et de mélancolie, l'amour « perpétue la vie. »

---

# HISTOIRE RELIGIEUSE

Du IV^e^ au VIII^e^ siècle, les annales de Saint-Émilion sont muettes... Un temple chrétien, le premier de la contrée, fut érigé, croit-on, au VII^e^ siècle, à proximité des ruines de la villa du célèbre poète-proconsul Ausone, sous le vocable *Sancta Maria a Lucaniaco*. En l'an 731, les Sarrasins incendièrent, après l'avoir pillé, l'église et monastère de Sainte-Marie de Fussignac — Fussignac, nom altéré de Lucaniac. — Mais, peu après la tourmente, les moines ne tardèrent pas à relever les ruines de leur couvent et pour lui donner une glorieuse fondation, ils en attribuèrent l'origine au saint anachorète Émilion.

Vers la fin du IX^e^ siècle, profitant des divisions des fils de Louis-le-Débonnaire, les Normands s'abattirent sur l'Aquitaine. Le monastère fut encore pillé et détruit. Reconstruit, nous savons qu'en 1080 le couvent de Sainte-Marie de Lucaniac était entre les mains du vicomte Olivier de Castillon, qui le restitua à ses légitimes propriétaires devant l'excommunication dont le menaçait l'archevêque de Bordeaux Goscelin de Parthenay. Le vicomte Pierre de Castillon succéda à Olivier et voulut installer son propre frère dans les bénéfices de l'Église de Saint-Émilion. Le prieur et les chanoines se retirèrent à Fronsac, emportant avec eux les reliques de Saint-Émilion. Leur exode fut de courte durée. L'anathème lancé par l'archevêque de Bordeaux contre le vicomte Pierre, coupable de simonie, permit aux religieux de s'installer à nouveau dans leur couvent.

Les revenus considérables de l'Église de Saint-Émilion qui excitaient la cupidité, furent cause d'un tel relâchement dans la vie monastique que, en 1110, Arnaud Guiraud de Cabanac, archevêque de Bordeaux, réforma le monastère, plaça un abbé à la tête des chanoines et les mit sous la règle de Saint-Augustin. Les moines abandonnèrent l'antique église monolithe, ou du moins n'en conservèrent plus que les bénéfices et commencèrent, sur le plateau, la construction d'une autre église avec cloître, l'église Collégiale.

Pendant les deux siècles qui suivirent, 12 abbés gouvernèrent très régulièrement les chanoines, qui eurent sous leur dépendance l'église de Saint-Émilion, l'église de la Bienheureuse Marie-Magdeleine, celle de Saint-Jean-de-Fozela, à Libourne, de Saint-Martin de Mazerat, de Saint-Pey-d'Armens, de Saint-Georges-de-Montagne et de Saint-André.

En 1309, le pape Clément V sécularisa les chanoines de Saint Émilion, érigea la Communauté en Chapître et établit des doyens à la place des abbés.

Le premier doyen fut le neveu du Pape, Gailhard de La Mothe, plus tard cardinal de Sainte-Luce. C'est lui qui fit agrandir et orner la grande et belle église Collégiale.

Depuis sa fondation, le Chapître de Saint-Émilion marcha de pair avec les collégiales les plus célèbres ; ses doyens furent, presque tous, des personnages éminents : Arnaud de Pontac, archevêque de Bazas, Louis de Bassompierre, évêque de Saintes ; François d'Escoubleau de Sourdis, archevêque de Bordeaux...

# HISTOIRE CIVILE

A la fin du XIIe siècle, Saint-Émilion était érigée en commune... Jean-sans-Terre, par une charte datée de 1199, reconnut officiellement l'existence de la commune fortifiée de *Semelione* et lui accorda de nombreux privilèges; entre autres, celui de s'administrer elle-même, d'avoir des magistrats de son choix et une milice particulière.

Pour se mettre à l'abri d'un coup de main, les habitants profitèrent de l'autorisation royale pour se fortifier. Un fossé de 20 mètres de large et de 10 mètres de profondeur fut creusé. Des murailles épaisses, percées d'archères, sommées de hourdages, s'élevèrent à plus de dix mètres au-dessus du sol de la ville. Des tours flanquantes renforcèrent, de loin en loin, le système de défense. Six portes fortifiées furent percées dans la ceinture des remparts : au Nord, la porte Bourgeoise ; la porte Brunet à l'Est; à l'Ouest, la porte des Chanoines ou de Saint-Julien et la porte Saint-Martin défendue par une barbacane ; au Sud, la porte Sainte-Marie-de-Fussignac et la porte Bouqueyre.

Voilà donc le pauvre ermitage de Saint-Émilion devenu place forte, avec une population de près de 10.000 habitants.

Louis VIII, roi de France, s'empare de Saint-Émilion en 1224.

En 1242, Henri III, vaincu à Taillebourg, réclama l'assistance de « ceux de Saint-Émilion ». En 1253, Simon de Montfort, comte de Leycester, est battu par les seigneurs gascons soulevés; Saint-Émilion tombe aux mains des vainqueurs.

Edouard, duc de Guyenne, montant sur le trône en 1274, accorde à Saint-Émilion de grands privilèges.

Les lettres patentes du roi, en 1289, fixent les limites et l'étendue de la Juridiction de Saint-Émilion, qui comprenait neuf paroisses : Saint-Émilion, Saint-Martin-de-Mazerat, Saint-Sulpice-de-Faleyrens, Saint-Laurent-des-Combes, Saint-Christophe-des-Bardes, Saint-Brice-de-Vignonet, Saint-Hippolyte, Saint-Pey-d'Armens et Saint-Etienne-de-Lisse.

En 1293, Philippe-le-Bel s'empare de Saint-Émilion et fait la conquête du Bordelais, qui ne fut restitué aux Anglais que 10 ans plus tard. C'est en 1303, dans l'église de Saint-Émilion, que le duché de Guyenne fut solennellement remis, par le sénéchal de Gascogne, au comte de Lincoln, pour le roi d'Angleterre.

En 1312, Edouard II confirme à nouveau les privilèges des habitants de Saint-Émilion. En 1337, une armée française, sous le commandement des comtes d'Eu et de Guines, assiège vainement Saint-Émilion.

En 1341 et en 1357, Edouard III, roi d'Angleterre, accorde de nouveaux et importants privilèges aux bourgeois de Saint-Émilion, notamment, de ne pouvoir être arrêtés pour dettes.

En 1377, le duc d'Anjou, pour le roi Charles V, pénètre en Guyenne. Une armée, commandée par Duguesclin, s'empare de Saint-Émilion. En 1379, Saint-Émilion entre dans la ligue des *filleules de Bordeaux* contre le roi de France.

Les hostilités entre la France et l'Angleterre reprennent. Quatre corps d'armée, commandés par les comtes de Foix, de Penthièvre, de Dunois et d'Armagnac, pénètrent en Guyenne. Saint-Émilion est assiégée ; l'artillerie de Jehan Bureau la force de capituler le 5 Juin 1451.

En 1452, Saint-Émilion et les *filleules de Bordeaux* se prononcent, à nouveau, pour le roi d'Angleterre.

Cloître des Cordeliers

La guerre recommence, mais le 17 Juillet 1453 les Anglo-Gascons sont définitivement battus à Castillon, et le prince de Talbot est tué. Saint-Emilion se soumet et ouvre ses portes au vainqueur le 21 Juillet 1453. Il dicte, lui-même, les clauses de la capitulation et reçoit les habitants en *sa mercy*.

En 1461 seulement, Louis XI confirma, de nouveau, les privilèges de la ville. La guerre avait accumulé les ruines et les misères. En 1462, Louis XI vint à Saint-Émilion et, touché de la détresse des habitants, par une charte du 22 Avril

1463, il restitue à Saint-Émilion les libertés, franchises, privilèges dont elle jouissait jadis.

Mais la guerre, puis la peste, portèrent un coup mortel à Saint-Émilion... Malgré les lettres de confirmation de franchises et de privilèges accordées par Charles VIII en 1482, Louis XII en 1498, François Ier en 1515, la population tomba de 3.000 feux à 200.

Le 28 Janvier 1546, Henri d'Albret, roi de Navarre, revenant de sa châtellenie de Puy Normand, soupa à Saint-Émilion.

En 1563, les religionnaires de Saintonge, unis à ceux de Guîtres et de Coutras, surprirent Saint-Émilion, mirent la ville au pillage et lui imposèrent une énorme contribution.

Le 20 Février 1568, une troupe de 1.500 hommes, envoyés par Blaise de Montluc, mit Saint Émilion au pillage. Les soudards forcèrent les maisons, pénétrèrent dans les caves, défoncèrent les tonneaux, violèrent femmes et filles, pendirent bon nombre d'habitants, brûlèrent les maisons qu'ils ne purent piller, démolirent les portes de ville, démantelèrent les murailles et ne quittèrent la ville qu'après six longs jours d'orgie et moyennant le paiement d'une rançon de 1.000 écus d'or.

L'année suivante, les huguenots de M. de Piles vinrent mettre le siège devant Saint-Émilion : ce fut en vain.

En 1569, quatre compagnies de M. de Montluc, venant de Libourne, entrèrent en ville et renouvelèrent leurs excès. L'église Collégiale et le couvent des Jacobins furent profanés et plusieurs maisons livrées aux flammes.

Pendant ces sinistres guerres de religion, pillée par les uns, ravagée par les autres, tel fut le sort de Saint-Émilion.

Le 16 Octobre 1580, un parti huguenot, commandé par Sully et envoyé par Henri de Navarre, s'empare, par surprise, de Saint-Émilion.

Henri IV, devenu roi de France en 1589, Saint-Émilion se prononce en sa faveur. Mal lui en prit ; une troupe de ligueurs, sous les ordres des capitaines Lafage et Caburlaud s'en empare le 25 Juillet 1590. Le pillage commençait déjà, lorsque parurent deux détachements envoyés par le Parlement de Bordeaux. De Merville, grand sénéchal de

Les Grandes Murailles

Guienne, à la tête de 100 arquebusiers et de Barrault, sénéchal du Bazadais, commandant 500 hommes, tombèrent sur les ligueurs, qu'ils massacrèrent.

Après les horreurs de la guerre... la peste ; c'est dans l'ordre. En 1606, la « contagion » fait de cruels ravages. Le maréchal d'Ornano s'enfuit ; Mgr de Sourdis, archevêque de Bordeaux, se dévoue aux chevets des malades Saint-Émilionnais.

Le roi Louis XIII honora trois fois Saint-Émilion de sa visite. Les Jurats étant allés le complimenter à Libourne, le roi promit de les venir visiter le lendemain. Le 9 Juillet 1621, Louis XIII, venant de Coutras, coucha au Doyenné de Saint-

Émilion. 4.000 hommes de sa suite furent hébergés dans la ville. Les 12.000 hommes de l'armée, sous le commandement du conétable Charles d'Albret, duc de Luynes, occupèrent la Juridiction de Saint-Émilion. Le lendemain, 10 Juillet, Louis XIII entendit la messe dans l'église Collégiale et partit pour Castillon. L'année suivante, en revenant du siège et prise de Royan (1622), Louis XIII coucha à Saint-Émilion le 21 Mai. Le duc de Chevreuse, tout jeune marié, et sa femme, veuve du connétable de Luynes, vinrent l'y rejoindre dans la soirée.....

S'il est vrai que l'histoire de Saint-Émilion est pauvre de documents intéressants pour la fin du XVII$^{e}$ et le commencement du XVIII$^{e}$ siècle, il n'est pas permis de passer sous silence la visite de M$^{lle}$ de Scudéry et de ses amis à Saint-Émilion. C'est là une des pages les plus amusantes de l'histoire de Saint-Émilion.....

M$^{lle}$ de Scudéry, dans ses *Nouvelles Conversations*, qui furent le code du monde élégant, pendant plus de quinze ans, à la Cour et à la Ville, place un de ses dialogues les plus importants dans les Grottes de Ferrand, à Saint-Émilion.

Les Grottes de Ferrand — œuvres de l'aimable poète Elie de Bétoulaud, lecteur assidu de l'*Astrée* — aujourd'hui si pittoresques et si rustiques, devinrent, pendant quelques heures, le salon des Précieuses : Céphise, Nérinte, Philonice et Sapho.....

Aucun fait saillant ni digne d'être consigné ne se rattache plus à Saint Émilion jusqu'à la Révolution de 1789, dont les débuts y furent accueillis avec une véritable explosion d'enthousiasme. Mais, la Révolution lui fut plus fatale qu'à aucune autre petite ville de France, car elle détruisit non seulement sa justice royale, mais encore son Chapître, sa Collégiale et ses couvents; en échange desquels l'Assemblée

Nationale ne voulut lui accorder ni district, ni tribunal, pas même un simple collège.

Cependant, il était encore réservé à Saint-Émilion de jouer un rôle pendant la Terreur. Les Girondins proscrits, Salle, Buzot, Pétion, Louvet, Valady, Barbaroux, conduits par Guadet, vinrent y chercher un asile contre la fureur sanguinaire des Montagnards.

Chapelle de la Trinité – Entrée de l'Église Monolithe

Dans un ouvrage couronné par l'Académie Nationale des Sciences, Belles-Lettres et Arts de Bordeaux, intitulé : « La Fin des Girondins. — Histoire des derniers Girondins après leur proscription dans la Gironde, Septembre 1793, Juin 1794 », nous avons rapporté cette tragique et cruelle odyssée, qui se termina par la mort de presque tous les acteurs de ce sombre drame.

Tel est, en résumé, l'histoire de Saint-Émilion, qui fut une des places les plus fortes du Bordelais et joua un rôle si actif dans les annales de la province de Guyenne.......

« La ville d'autrefois est morte », a écrit mon ami le

délicat et poète Paul Guiraud, dans une délicieuse plaquette illustrée : *Saint-Émilion, Souvenirs et Impressions,* dont nous avons extrait plusieurs clichés, avec l'aimable autorisation de l'auteur, « la ville d'autrefois est morte et sans « mouvement ; son aspect est mélancolique. La haine des « hommes et le temps ont détruit, peu à peu, ce que « l'amour des hommes avait édifié au cours de dix siècles. « C'est une ville martyre, blessée et mutilée... Parée de « ses bijoux historiques et archéologiques, elle dort d'un « long sommeil de gloire et se réveille, un peu, lors des « fêtes locales, qu'elle regarde d'un air las et désenchanté !... « Les fleurs s'y épanouissent sur des tombeaux, l'oiseau y « chante sur la mort des choses et le lierre noueux et les « plantes grimpantes en tapissent les ruines... Il s'en dégage « le charme émouvant du *« sunt lacrymæ rerum »* de Virgile. »

---

# VISITE DE SAINT-ÉMILION

Le voyageur qui descend à la gare de Saint-Émilion et qui s'attend à trouver — dès la station — quelques-uns des monuments qui font la gloire de la célèbre *filleule de Bordeaux*, est quelquefois surpris et désappointé. A l'orient, le relief, nettement accusé, d'une ligne de coteaux parallèles au cours paisible de la Dordogne, borne l'horizon. De gracieuses villas, de jolis châteaux sont agrafés aux pentes des collines couvertes de pampres vermeilles. Le paysage est d'une harmonieuse et bucolique fraîcheur... La route suit un large vallon qui s'enfonce comme un coin de verdure entre les coteaux cèlèbres par la richesse de leurs vignobles : Ausone à l'ouest et Pavie à l'est. Sur les ruines de l'hôpital des Gahets ou Gaffets, s'élève le château moderne de la Gaffelière-Naudes, au comte Louis de Malet-Roquefort.

A un détour du chemin, Saint-Émilion s'offre aux regards ravis et émerveillés. Les collines jumelles et rivales d'Ausone et Pavie se rejoignent en formant une large conque ouverte au midi. Les maisons s'accrochent aux flancs abrupts des promontoires, les ruines des murailles, des portes, des églises, des couvents — patinées d'ardent soleil — montrent leurs lézardes couvertes de lierres et de saxifrages. L'arrête du chevet de la Collégiale barre, d'un trait limpide, l'horizon luminescent. Dans l'azur, la flèche gothique du clocher se dresse au-dessus

La Porte Brunet

de la ville haute culminant aux créneaux de Plaisance. La ville basse, fraîche et accueillante, s'est amoureusement groupée autour de l'humble Ermitage du saint anachorète fondateur de la cité.

# GUIDE DU TOURISTE

## pour la visite des principaux Monuments

---

A seule fin de faciliter aux touristes la visite de la ville de Saint-Émilion et de ses nombreux et intéressants monuments historiques, nous avons adopté un plan rationnel et commode, permettant de tout voir dans le minimum de temps et avec le moins de fatigue possible.

Pour éviter à nos aimables lecteurs des marches et des contre-marches, souvent fastidieuses et toujours pénibles, nous recommandons aux touristes de procéder, par ordre, à la visite des monuments ; pour cela, ils n'ont qu'à suivre scrupuleusement le Plan que nous leur indiquons.

Un voygeur arrivant par la gare de Saint-Émilion et commençant la visite de la ville par la Porte Bouqueyre, reviendra à son point de départ sans être passé deux fois au même endroit, à condition de suivre, point par point, les indications de notre Guide.

De même, un touriste venant de Libourne, qui commence la visite de Saint-Émilion par la Porte Bourgeoise, évitera la fatigue et l'ennui du déjà vu en se conformant à nos recommandations.

— Le Plan de Saint-Émilion, ci-joint, sera d'une précieuse utilité pour les touristes, à qui nous recommandons — à nouveau — de procéder à la visite de Saint-Émilion dans l'ordre du Plan et du Guide.

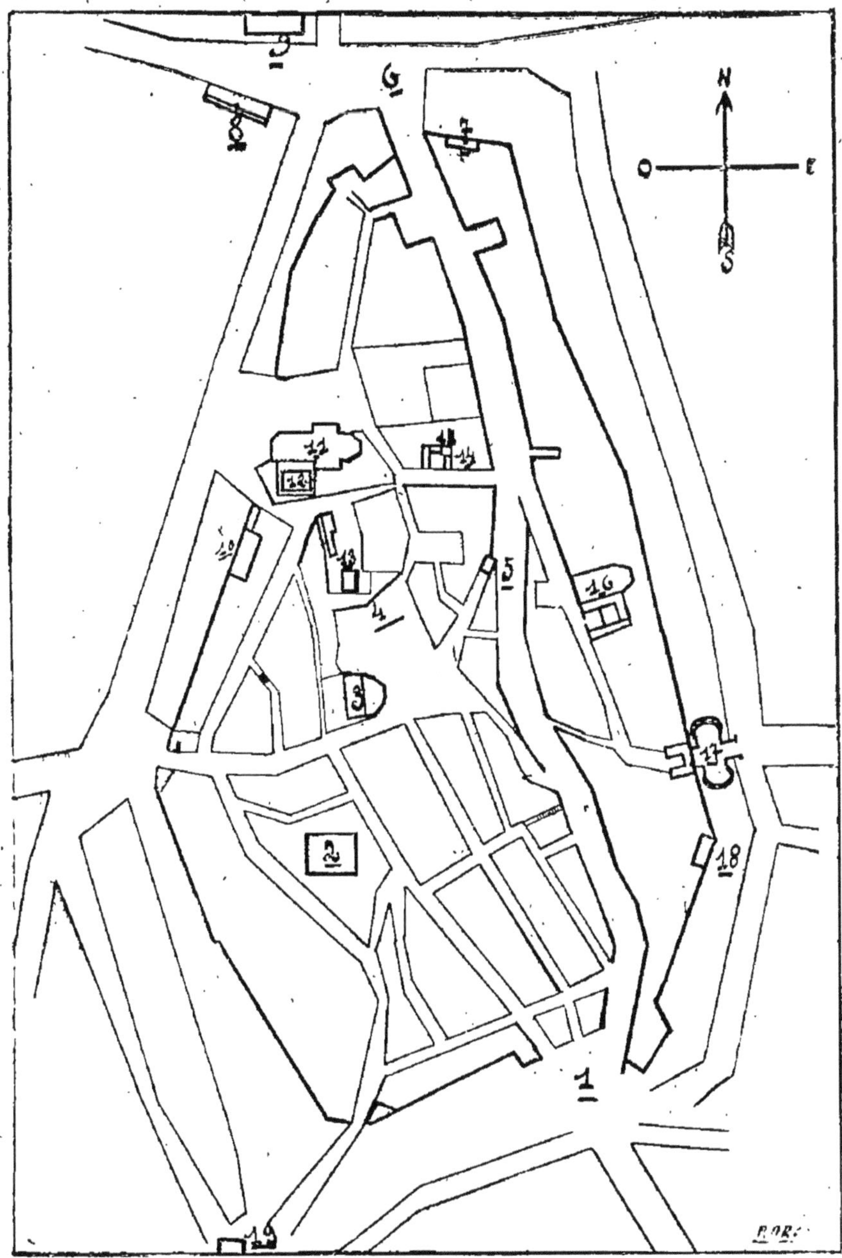


## LÉGENDE DU PLAN DE SAINT-ÉMILION

1. La Porte Bouqueyre.
2. Le Château du Roi.
3. La Chapelle de la Trinité, l'Ermitage de Saint-Emilion.
4. L'Eglise Monolithe.
5. L'Arceau de la Cadène.
6. La Porte Bourgeoise.
7. Le Palais Cardinal.
8. La Grande Muraille.
9. La Maison Guadet.
10. Le Logis de Malet.
11. L'Eglise Collégiale.
12. Les Cloîtres.
13. Le Clocher et l'Hostellerie de Plaisance.
14. La Maison Bouquey.
15. La Grotte et le Puits des Girondins.
16. Le Couvent et le Cloître des Cordeliers.
17. Le Portail Brunet.
18. La Tour du Guetteur.
19. L'Eglise et le Cimetière de la Madeleine.

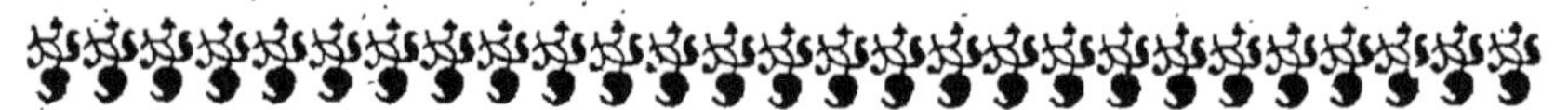

# SAINT-ÉMILION

## SES MONUMENTS

---

### La Porte Bouqueyre (1)

---

En arrivant de la Gare, dès les premières maisons qui composent l'agglomération de Saint-Émilion, une large place complantée d'ormeaux et de tilleuls s'offre aux regards. Les glacis et terre-pleins de la Porte Bouqueyre ont depuis longtemps disparu ; seuls, quelques pans de murs couverts de chèvre-feuille et de glycines, sont encore visibles. Des fortifications, il ne demeure plus qu'une curieuse échauguette qui rappelle le sac de la ville, le 20 Février 1568, par les bandes catholiques de Blaise de Montluc... Sur la droite, des restes de muraille et une tour fortifiée, appelée Tour du Guetteur, marquent les limites de l'enceinte fortifiée de Saint-Émilion. Vers la gauche, un mur de grand style escalade, pittoresquement, la colline au-dessus de la roche vive et conduit à la

---

(1) Ces numéros se rapportent au Plan du Guide de Saint-Émilion, page 22.

porte Sainte-Marie de Fussignac. Depuis la place de la Porte Bouqueyre, la rue de la Grande-Fontaine conduit au Château du Roi.

## Le Château du Roi (2)

Sur un massif de rochers, isolé de toutes parts, se dresse, majestueusement, un donjon quadrilatère dont les ruines imposantes dominent Saint-Émilion au couchant. Le cube

Le Château du Roi

de pierre sur lequel est bâti ce superbe donjon roman, est séparé du coté de la campagne par un fossé large et très profond. Du côté de la ville, la rampe inclinée qui l'isole est entrecoupée d'étroites terrasses converties en jardins potagers. Du flanc du rocher jaillit une abondante source limpide. Les quatre faces du donjon, hautes de 15 mètres, larges de 10 environ, sont flanquées chacune de trois contreforts plats de 20 centimètres d'épaisseur. Seule la face tournée vers la ville présente des ouvertures. Au rez-de-chaussée, une porte à plein ceintre donne entrée dans une pièce rectangulaire recevant le jour d'une meurtrière cintrée, très élevée. La voûte est à ogive légèrement déprimée. Dans l'angle sud-est, une porte à plein ceintre donne accès à un escalier en colimaçon pratiqué dans l'épaisseur des murs et conduisant au premier étage éclairé par deux fenêtres romanes. Un escalier droit mène au sommet du donjon, que la vigilance attentive du savant architecte départemental, M. Bontemps, a heureusement restauré.

Louis VIII s'étant emparé de Saint-Émilion en 1224, ne laissa subsister les murailles qu'à condition de bâtir une forteresse dans l'endroit de la ville qui lui plairait le mieux. De là le nom de *Château du Roi* donné à ce donjon. Une pièce absolument inédite, trouvée aux Archives de la Gironde par M. Dast le Vacher de Boisville, assigne au Château du Roi l'an 1237 comme date exacte de sa construction.

Le Château du Roi, demeura Hôtel de Ville jusqu'en 1608. Son exiguité et son éloignement du centre de la ville et des affaires le firent abandonner dès cette époque.

A l'extrémité de la rue de la Grande-Fontaine, en tournant à droite, on parvient à la *Place du Marché* qui, comme dans un véritable écrin, offre l'entassement des plus jolies, des plus curieuses, des plus émouvantes choses de Saint Émilion. C'est ici le cœur de la cité mystique, près de l'Ermitage du pieux Émilion, d'où se fit l'envol radieux de la cité militaire du Moyen-Age.

## La Place du Marché

Pour l'artiste, le savant, le poète, l'archéologue, la vieille place du Marché de Saint-Émilion offre un spectacle inoubliable.....

C'est un tableau charmant que l'on a sous les yeux en se plaçant au-devant du clair et coquet débit de tabac.

A gauche, la chapelle de la Trinité offre sa jolie rotonde; un auteur a pu dire avec raison que l'élégante

Place du Marché et Terrasse de Plaisance

simplicité de sa forme et la pureté de ses profils la feraient prendre pour un petit temple grec, si ses fenêtres gothiques et ses colonilles, un peu grêles, ne nous avertissaient que ce joli monument appartient au Moyen-Age.

Le plein ceintre d'une grande porte charretière conduisant à l'Ermitage de Saint-Émilion sépare la chapelle de la Trinité d'un mur droit dont le sommet est couvert de fleurs et de ronces. La roche vive, aux fauves colorations, sert d'assise à un mur que soutiennent d'épais et massifs contreforts... L'ancien jardin et cimetière des Chanoines est devenu la *Terrasse de Plaisance,* d'où l'on a une vue splendide sur la basse ville et la belle et opulente vallée de la Dordogne... En face de soi, les fenêtres de l'Eglise Monolithe ou *Moustier Vieux*, dont trois sont largement ouvertes dans des rotondes couvertes de plantes folles et de ronces inextricables. Un gros mur de soutènement fait suite, en aplomb ; sur la paroi rocheuse, un énorme figuier plusieurs fois centenaire est accroché..... Le clocher de Saint Émilion culmine à 61 mètres au-dessus du sol de la place du Marché. A droite, une ruelle aussi pittoresque qu'escarpée ; enfin, un énorme accacia de Judée (arbre de la Liberté, planté en 1848) ombrage parcimonieusement l'emplacement du cimetière du *Moustier Vieux*.

---

## Le Portail de l'Église Monolithe

---

L'entrée de l'Église Monolithe ne fut, probablement, au début qu'une étroite et sombre ouverture, dissimulée dans le rocher ; mais il est certain que, lors de la restauration des croisées, on l'agrandit et l'embellit, tout en la décorant.

Un pignon sert de sommet à une arcade composée de plusieurs cintres ; ses ogives sont en retrait. Des personnages, mutilés, existent à travers les arcs. Dans le tympan, le bas-relief représente *la Résurrection Générale :* les morts soulèvent, à demi, leur pierre tombale et se débarrassent de leur suaire. Dans le haut, Christ, fils de l'Éternel, est assis sur un trône placé sur les nuées. Près de lui, la Vierge, saint Jean et sans doute Saint-Émilion, l'implorent. Derrière eux, des anges portent les instruments de la Passion. Cette porte du XIIIe siècle et les délicates sculptures qui la garnissaient, ont été mutilées sous la Révolution.

## La Chapelle de la Trinité (3)

Ce charmant oratoire du XIIIe siècle a été construit au-dessus de la Grotte ou Ermitage de Saint-Emilion. C'est une des plus fines et gracieuses constructions religieuses de cette époque dans le département. De belles peintures à fresque ornaient les parvis du chevet. On peut encore distinguer, avec difficulté, il est vrai, quelques sujets : un Crucifiement, la Vierge et l'Enfant Jésus, Saint Christophe. Il est regrettable qu'une maison moderne soit plaquée sur la face est de cette délicieuse construction, vrai bijou archéologique.

## L'Ermitage de Saint-Émilion

Un escalier froid et humide, aux marches usées par des générations de pèlerins et de visiteurs, conduit dans l'Ermitage de Saint-Emilion.

La légende veut que le saint anachorète breton fondateur de Saint-Émilion ait, lui-même, creusé cette grotte pour se mettre à l'abri des incursions des Sarrasins.....

En face de l'escalier, une excavation grossièrement creusée, est *le lit* du saint ermite ; un peu plus loin, *le fauteuil* ou siège abbatial. Un autel monolithe fut *sa table* et une petite crédence lui servit de *four*.

La source limpide qui servit à le désaltérer jouit de propriétés merveilleuses. Au travers du pur cristal de cette eau fraîche et cristalline, on aperçoit des milliers et des milliers d'épingles que, d'après une antique et gracieuse tradition, jeunes gens et jeunes filles viennent y jeter pour demander au saint de les faire marier dans l'année.

La légende attribue la fondation de cette grotte au saint anachorète Emilion. Cet « Ermitage », creusé en

L'Ermitage de Saint-Émilion

forme de croix latine, ne serait, pour les esprits moins crédules, qu'un baptistère du X-XI[e] siècle.....

Quoi qu'il en soit, la grotte de Saint-Emilion est restée telle qu'elle était aux temps très anciens de sa fondation : elle a vu la ville se former, croître, s'embellir et mourir ; elle a vu les Sarrasins, les Francs, les Normands, les Anglais. Et tandis que tout évoluait et se renouvelait autour d'elle, l'humble grotte, seule, est demeurée intacte, assistant, stoïque et impassible, à tous les bouleversements et à toutes les transformations.

## Le Charnier ou les Oubliettes

On donne ce nom, dans le pays, à une grotte située en face de l'Ermitage, dans le massif de rocher que surmontent les murs, flanqués de contreforts, de la Terrasse de Plaisance ou *Place des Créneaux*. Une coupole taillée dans le roc est sou-

Le *Fauteuil*, le *Lit* et la Fontaine de Saint-Émilion

tenue par trois gros piliers cylindriques. Le milieu de la voûte est percé d'une ouverture circulaire, aujourd'hui murée, qui prenait jour sur le sol même du jardin et cimetière des Chanoines et Doyens. De grossières et primitives sculptures : dents de loup, dents de scie, trois personnages, bras étendus — sortant le corps, à demi, d'espèces d'auges ou de tombeaux — y sont très visibles. Une sombre galerie, aux parois creusées de tombeaux, communiquait, d'un côté, avec l'Eglise Monolithe, et de l'autre avec les Catacombes proprement dites, propriété de M. Renateau.

L'imagination populaire a voulu voir dans cette grotte des *oubliettes*. Nous pensons qu'il est plus conforme à la vérité de la considérer comme une espèce de chapelle funéraire.

## L'Église Monolithe (4)

On pénètre dans l'Eglise Monolithe par une petite porte située au-dessus d'un autel à balustres de pierre. Parcourons ces sombres travées. Il est impossible de décrire la

La Grande Nef de l'Église Monolithe

tristesse troublante du spectacle que l'on a sous les yeux ! Comment exprimer l'angoisse mystique qui s'empare involontairement du visiteur ?... Ces souterrains dans lesquels ne parvient qu'une lumière blafarde, affaiblie. Le silence effrayant qui pèse sur ces pierres humides, rongées de mousses ;

ces autels abandonnés ; ces emblêmes hyéroglyphiques et mystérieux dont on voudrait découvrir le sens ; le souvenir des tombes que l'on a rencontrées, celles que l'on découvre encore, tout cela laisse l'âme rêveuse et mélancolique, alors qu'un sentiment d'indéfinissable tristesse vous étreint douloureusement.....

L'Eglise Monolithe, de laquelle M. de Laborde, dans un rapport à l'Académie, a dit : « la plus singulière de France et unique au monde », forme un vaste parallélogramme irrégulier de 40 mètres de long sur 20 de large, divisé en trois nefs par trois rangs de quatre gros piliers grossièrement et irrégulièrement taillés, supportant, avec les parois latérales, trois voûtes paraboliques.

Intérieur de l'Église Monolithe

Au fond de la nef principale, on distingue un très curieux bas-relief : à droite de l'observateur, un ange aux ailes déployées joue d'un instrument assez semblable à un violon ; à gauche, sur un rocher, un monstre à crinière hérissée ; au milieu, un personnage nu, armé d'un bâton, paraît se défendre. On a vu là un symbole du Jugement dernier. Léo Drouyn croit que c'est une image allégorique de la vie humaine. D'autres auteurs pensent que c'est là représentation du tableau biblique : Jonas vomi par la baleine. Sur le premier pilier et la voûte de la nef principale, on aperçoit encore quelques grossières et primitives sculptures ; deux anges à longues tuniques, aux ailes déployées et deux signes du Zodiaque : le Sagittaire et les Gémeaux. Sur un des piliers de la nef centrale, une inscription latine semble indiquer la date de la dédicace du temple. De loin en loin, des restes de peintures du XIIIe siècle, notamment sur les bas-côtés d'une chapelle latérale dédiée à saint Nicolas, on voit, dans un appareil en fausse pierre simulée, une délicate fleurette. Une ouverture circulaire fait communiquer l'église avec le clocher qui est construit, en porte-à-faux sur les voûtes du *Moustier vieux*.

*L'Allée des Tombeaux.* — On donne ce nom à la nef accessoire, conduisant au portail monumental de l'Eglise Monolithe et par laquelle on communique avec le Charnier ou les Catacombes... Les enfeux à ogive barbare se touchent tous.

Lorsque le soleil couchant, pénétrant dans l'Eglise Monolithe, l'éclaire de ses rayons obliques ; l'ensemble de ce curieux monument « par ses oppositions d'ombre et de lumière, présente à l'œil émerveillé un tableau fantastique comme un véritable décor d'opéra. »

---

## L'Arceau de la Cadène (5)

---

Nous quittons la place du Marché et passons devant le Bureau de poste. Une rue pittoresque et escarpée s'offre à nous : *la rue des Grands Bancs*, la principale rue de Saint-Emilion, avant le percement de la rue Guadet. Un arc ogival jeté hardiment au-dessus de la rue s'appuie, d'un côté, à un massif de rocher auquel est accolée une maison avec fenêtres à meneaux ; de l'autre, à une charmante tourelle à toit aigu, en encorbellement sur une antique maison en bois du XV^e^ siècle.

L'Arceau de la Cadène était une porte située au centre de la ville et appartenant à une ligne de fortifications intérieures permettant à la ville haute de se défendre alors que la ville

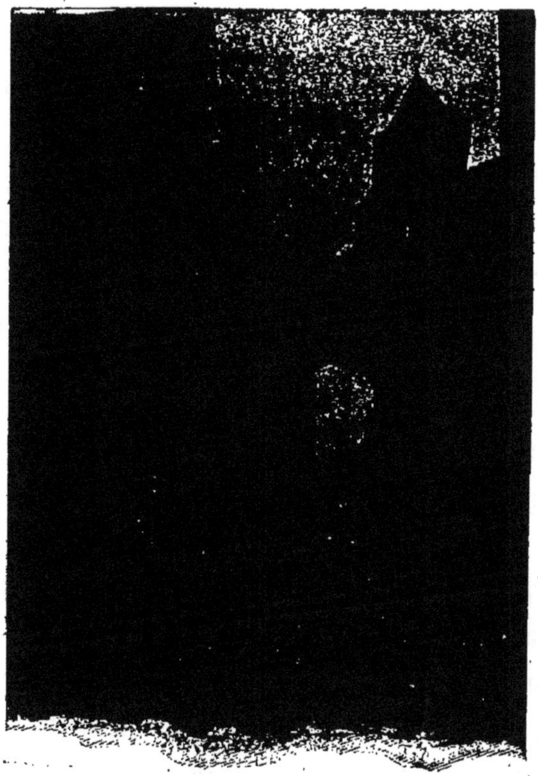

L'Arceau de la Cadène
et l'Ancienne rue des Grands Pancs

basse était envahie. Le mot Cadène, de *catena*, chaîne, laisse supposer que cette rue pouvait être aisément barrée en temps de troubles ou de guerre.

De plus, une charte de 1291 porte qu'en cette année il fut concédé à Guillaume Renaud de la Cadène un emplacement appelé Porte de la Cadène. « *De placea et pertinentiis in loco vulgariter appelato Porta de la Cadena concessa Guillelmo Reginaldi de la Cadena Burgensi Sancti Emiliani* » (Rôles gascons).

# Le Couvent des Jacobins

Après l'Arceau de la Cadène, la rue des Grands Bancs se confond avec la rue Guadet et continue son trajet vers le nord.

*La Maison Gothique* fait suite à la Pharmacie Bodin. Sans caractère sur la Grand'Rue, elle offre, sur l'impasse, une curieuse façade qu'un projet des Monuments historiques doit — prochainement — rétablir dans son harmonie primitive.

*Le Couvent des Jacobins* nous offre un très intéressant portail du XVe siècle, donnant entrée dans une chapelle où l'on voit encore d'élégantes fenêtres et de grandes arcades. Un clocher carré, situé hors du Couvent, est encore debout au milieu de vastes jardins, limités par les murailles de la ville, que les religieux firent raser à hauteur d'appui, en 1740, sur permission de la Jurade.

Le premier couvent des Frères Prêcheurs, Dominicains ou Jacobins établis hors les murs de Saint-Emilion, fut ruiné pendant le XIVe siècle. Il n'en subsiste plus que les ruines grandioses et imposantes connues dans le pays sous le nom de *Grandes Murailles.* En 1389, Jean de Lancastre, fils d'Edouard III, concéda aux religieux un vaste emplacement dans Saint-Emilion. Edouard de Nalhies, gouverneur de Guyenne, confirma, par lettre patente du 12 Août 1402, cette donation. Les moines élevèrent, au XVe siècle, une église et un monastère où l'on vénérait la statue miraculeuse de *saint Valéry, patron des vignerons.* Cette image — actuellement dans l'Eglise Collégiale — objet d'un culte particulier, était en grande vénération et attirait un grand nombre de pèlerins.

Sous la Révolution, l'Eglise et Couvent des Jacobins devinrent un atelier de poudres et salpêtre. Les bâtiments furent occupés, ensuite, par une fonderie de cloches renommée, avant de devenir la propriété de MM. L. et F. de Muret, où ils ont installé le chantier d'expédition de leurs grands vins mousseux.

## La Porte Bourgeoise (6)

La rue Guadet conduit à une petite place au nom délicieusement archaïque où se dresse un puits moyennageux. Sur la *Place du Marcadieu*, une belle maison aux fenêtres à menaux voisine avec une boucherie possédant une charmante tourelle médiévale et une énorme et très intéressante gargouille.

La Porte Bourgeoise, par où Louis XIII fit son entrée dans Saint-Emilion, en 1621 et 1622, a disparu depuis longtemps, de même que la barbacane que fit ériger, sur les glacis, le maréchal de Matignon en 1590. Une petite place complantée d'ormeaux centenaires a remplacé cet appareil militaire et guerrier.

## Le Palais Cardinal (7)

L'angle nord-est des fortifications de la ville offre un bastion garni de machicoulis ; un pont de pierre à deux arches avec pont-levis jeté sur les fossés de la ville ; les pignons des maisons nobles des Bonneau de Madaillan, Bonneau de

Paimpois, accolées aux murailles, dominent le petit village de *Villemaurine.*

*Le Palais Cardinal.* La tradition veut que le premier doyen du Chapître, Gailhard de La Mothe, créé, quelques années

Le Palais Cardinal et l'angle N.-E. des Fortifications

plus tard, cardinal de Sainte Luce par son oncle Clément V, l'ait habité, d'où son nom de *Palais Cardinal.*

Quatre élégantes croisées géminées en plein ceintre, encadrées chacune dans une arcade pleine simulée, sont séparées par un pilastre qui, du rocher sur lequel sont situées les fondations, s'élève jusqu'au faîte. Ce sont les restes d'un antique monument du XII^e^ et XIII^e^ siècle, contemporain de la construction de l'enceinte fortifiée de *Semelions.*

---

## La Grande Muraille (8)

---

Un pan de mur long de 26 mètres, haut de 60 pieds, percé de deux élégantes fenêtres à ogive, flanqué de contreforts saillants et décoré d'ornements d'une grande délicatesse, c'est là ce qu'on appelle dans le pays les *Grandes Murailles*. Ce pan de mur est tout ce qui reste d'un monastère fondé au XIIIe siècle par les Frères Prêcheurs ou Dominicains... Très prospère au début, le couvent des Dominicains ou Jacobins, situé hors des murs de ville, eût à souffrir de toutes les rigueurs de la guerre. Il fut complètement détruit et ruiné pendant le XIVe siècle.

Les moines sollicitèrent d'Edouard III l'autorisation de rebâtir leur couvent en ville. Jean de Neuville, lieutenant général du roi en Guyenne, leur concéda un petit emplacement en 1348. Mais ce ne fut qu'en 1397 qu'une bulle du Pape Boniface IX leur permit de s'installer *intra muros*. C'est donc au XVe siècle qu'ils construisirent leur nouveau couvent et église, dont nous avons parlé plus haut.

---

## La Maison Guadet (9)

---

En face des Grandes Murailles, à l'intersection des routes conduisant l'une à Montagne, l'autre à Libourne, au milieu d'un beau jardin et des épaisses frondaisons, se dresse la maison familiale de Marguerite-Elie Guadet, député à la Convention, guillotiné à Bordeaux, sous la Terreur, le 1er Messidor an II (19 Juin 1794).

Les lieux n'ont pas changé depuis 1794. La maison ne se composait et ne se compose, encore de nos jours, que d'un rez-de-chaussée simple de huit fenêtres de façade, assez élevé et surmonté de mansardes. Adossé à la maison, au midi, se trouve un petit bâtiment à forme d'appentis, dont le toit, moins élevé que celui du corps du logis principal, formait un réduit auquel il était impossible d'accéder et qui ne pouvait servir à aucun ouvrage, n'étant ni éclairé ni aéré et n'ayant aucune communication avec le grenier, qui règne sur la maison...

C'est dans ce *grenier perdu* que les deux proscrits de la Gironde Salle et Guadet se cachèrent et vécurent pendant huit mois (de Novembre 1793 à Juin 1794). C'est là que, sur la dénonciation de Nadal, croit-on, ex-cuisinier du Chapître, Salle et Guadet furent découverts, le 17 Juin 1794, conduits à Bordeaux et guillotinés le 1er Messidor an II.

Après la visite de la Maison Guadet, le touriste, tournant

Le Logis de Malet

le dos aux Grandes Murailles, se dirige vers l'Eglise Collégiale, en suivant la route qui longe les anciens fossés de la cité. Une grande place complantée d'ormeaux, où s'érigera le beau monument du sculpteur Achard, aux morts de la Grande Guerre, une brèche dans les fortifications remplaçant l'ancienne porte du Chapître ou des Chanoines ; une curieuse maison à pignons aigus du xve siècle, appelée Logis de Malet (no 10 du Plan), élevée sur le mur même de la ville et jadis, demeure des barons Malet de Roquefort, telle est la vue qui s'offre aux regards ravis et émerveillés.

## L'Église Collégiale (11)

En 1110, l'archevêque Arnaud Guiraud de Cabanac réforma les chanoines qui desservaient l'Eglise Monolithe et paroissiale, le *Moustier Vieux*.

Les moines qui possédaient sut le plateau une petite chapelle de peu d'importance, l'embellirent, l'ornèrent et l'agrandirent considérablement. Ils y ajoutèrent des cloîtres et à peu de distance, une tour carrée qui servit — beaucoup plus tard — d'assise à un élégant clocher gothique. De cette époque, datent le portail roman, la nef et les murs occidentaux du transept.

Au début du XIV^e^ siècle, en 1309, le Pape Clément V remplaça l'Abbaye par un Chapître et des doyens succédèrent aux abbés ; le premier fut son neveu, Gailhard de La Mothe, plus tard cardinal de Sainte-Luce. Il fit agrandir l'église de ses prédécesseurs en forme de croix latine et dans le pur style gothique. De cette époque datent le chœur et les trois nefs.

L'Eglise Collégiale de Saint-Émilion, une des plus vastes du département, a 80 mètres de longueur ; sa façade romane est surmontée d'un clocher à demi démoli, remplaçant un autre du XV^e^ siècle, élevé lui-même après la chute d'un autre beaucoup plus ancien.

*Le Portail nord de l'Eglise Collégiale.* — En saillie sur la façade, est encadré de deux contreforts. Il se compose de trois arcades ogivales surchargées de statues mutilées. Le bas-relief du tympan représente le Jugement Dernier. Les retombées des arcades s'appuient sur les dais de douze petites niches placées de chaque côté du portail, veuves de leurs statues. Le pied-droit séparant les deux baies du portail est occupé par une statue (celle de Clément V ou mieux de Gailhard de La Mothe).

# Intérieur de l'Église Collégiale

Vu du côté opposé au maître-autel, l'intérieur de la Collégiale offre deux superbes coupoles byzantines de la fin du XI$^{e}$ ou commencement du XII$^{e}$ siècle.

*Peintures.* — Sur le mur méridional, des restes de peintures fort anciennes représentent, croit-on, *La Légende dorée de sainte Catherine.* A côté, sur la saillie du mur, bien conservée, une *Sancta Maria,* en costume du XIII$^{e}$ siècle, très belle. Au-dessus de la porte du cloître, d'autres peintures ont exercé la sagacité des historiens : un évêque guérissant un possédé, pensent les uns ; Jeanne d'Arc au sacre de Charles VII à Reims, disent les autres. Peut-être cette fresque à demi effacée, représente-t-elle la remise du duché de Guyenne au comte de Lincoln, recevant pour le roi d'Angleterre. On sait que, en 1303, c'est dans la Collégiale de Saint-Emilion que s'effectua cette remise.

*Stalles et Vitraux.* — Dans le chœur existent encore des stalles en bois sculpté du XV$^{e}$. La plupart des vitraux qui garnissent les grandes fenêtres latérales du chevet ont été donnés par le roi Louis XII ; ils représentent les douze apôtres sous des dais vaguement renaissance, surmontés d'anges jouant divers instruments et portant des bannières où sont indiquées, en résumé, les phrases du *Credo.*

*Autel.* — Celui de la Vierge est gothique et moderne. Celui qui était dédié à saint Emilion est devenu la Chapelle commémorative des morts de la grande Guerre 1914-1918. Au devant, à l'autel de saint Michel, une petite porte de Tabernacle en ivoire sculpté, représente le Crucifiement ; à droite et à gauche, deux bas-reliefs en albâtre, du XV$^{e}$, la *Résurrec-*

*tion* (de grande valeur artistique), et l'*Adoration des Mages* (très grossier). A l'autel de saint Valéry, patron des vignerons, une belle boiserie du XVII$^e$ représente le Sacrifice de Melchissédec.

*Trésor*. — On donne ce nom à un très élégant et curieux édifice gothique situé derrière le maître-autel et dans lequel étaient enfermées les reliques du saint fondateur de la ville.

*La Chapelle de saint Michel* sert aujourd'hui de Fonts Baptismaux ; elle est à deux nefs, dont la voûte, garnie de nervures très compliquées, offre des pendentifs à grotesques.

*La Sacristie* se trouve dans l'ancienne Chapelle du Cardinal de Sourdis, un des doyens et non des moins fameux, du Chapître de Saint-Émilion. Cette jolie bâtisse, du XV$^e$ siècle, est formée d'une abside à cinq pans coupés, tournée vers le sud.

L'Eglise Collégiale de Saint-Emilion offre trois époques bien distinctes :

1° Le commencement du roman (XII$^e$) auquel on doit le portail occidental, la nef et les murs occidentaux du transept. 2° Le commencement du XIV$^e$ siècle, époque où furent construits le portail nord, le chœur et les trois nefs. — 3° Les dernières années du XV$^e$ siècle, que l'on reconaît dans la restauration du chevet et de l'abside.

---

## Les Cloîtres (12)

---

Les Cloîtres de l'Eglise, les plus beaux du département, sont situés au midi de la Collégiale.

Ces Cloîtres, qui rappellent le XIV$^e$ siècle, remplacent ceux du XII$^e$, dont on voit encore quelques arcades romanes, en plein ceintre. Chaque galerie a 30 mètres de long sur 4 mètres 50 de large. Au milieu est un préau carré environné de galeries à arcades semi-ogivales, dont les extrémités reposent sur des colonnettes grêles. Sous

Les Cloîtres de l'Église Collégiale

les dalles reposent les cendres des chanoines. Des enfeux, de richesse variable et d'âges différents, sont encastrés dans les murs. Leur aspect morne et sévère, le silence majestueux qui plane sur ces galeries, d'où s'envolaient, jadis, de saintes prières, cette solitude, ce calme, que trouble seul le bruit sonore du pas des visiteurs sur les dalles funéraires, tout cela fait éprouver à l'âme sensible du touriste une douce et poétique jouissance teintée d'on ne sait quelle vague et indéfinissable mélancolie.

---

## La Place des Créneaux et la Terrasse de Plaisance

La place où s'élève le clocher est appelée *Place des Créneaux*; la maison d'apparence ancienne que l'on y voit est l'ancien logement du doyen du Chapître de Saint-Emilion, d'où son nom de Doyenné.

L'ancien jardin et cimetière des chanoines forme la *Terrasse de Plaisance,* d'où l'on a une vue splendide sur toute la basse ville, les coteaux et la riche et fertile vallée de la Dordogne. Les touristes ne manquent jamais de venir admirer longuement ce splendide tableau, qui les enchante et les ravit.

## L'Hostellerie de Plaisance

Au pied du clocher de Saint-Emilion, sur l'ancienne place des Créneaux, magnifique terrasse merveilleusement ombragée, d'où l'on jouit d'une splendide vue sur la ville basse et ses vieux monuments, sur les grands coteaux et leurs premiers grands crus et sur l'opulente et riche plaine de la Dordogne, aux aspects si variés.

## Le Clocher (13)

Bâti au-dessus de l'Eglise Monolithe, il est enterré de 1 mètre dans le sol de la place des Créneaux. Il se compose d'un rez-de chaussée et d'un premier étage, de pur style roman (1110) et de deux autres étages, dont le premier, le plus élevé de tous, est largement éclairé par deux larges baies ogivales sur chaque face, séparées par un bouquet de colonnettes cylindriques avec chapiteaux à godrons. Une élégante

Le Clocher

galerie couronne, pittoresquement, l'édifice et une flèche octogone s'élance hardiment du sommet de la tour, portant à 61 mètres la hauteur totale de l'édifice au-dessus du sol de la place du Marché ou de l'Eglise Monolithe.

Exception faite de la flèche, de la galerie et des clochetons, le clocher est bâti dans le pur style roman du XII^e^ siècle ; le reste, de même que la cage de l'escalier, est du XIV-XV$^{e}$ siècle.

Cent quatre-vingt-dix-sept marches conduisent au sommet de la plateforme, où la fatigue de l'excursionniste est largement compensée par la satisfaction de voir un magnifique panorama. A l'horizon : La Sauve, les coteaux de l'Entre-deux-Mers, Branne, Libourne, le Tertre de Fronsac, les hauteurs du Blayais ; plus près, la plus grande quantité des communes formant l'ancienne Juridiction de Saint-Émilion. Aux pieds mêmes du clocher, c'est toute une enceinte confuse d'églises et de forts ; les uns creusés dans le roc, comme une mine ; les autres plantés comme un jalon sur une pointe escarpée ; et « ce n'est pas seulement aux yeux que « parle ce spectacle ; ce ne sont pas seulement des paysages « pour le peintre que représente ce tableau ; le philosophe, lui « aussi, ne peut contempler, sans émotion, cette image « vivante du néant des choses d'ici-bas ; ces restes superbes « de plusieurs générations puissantes et dont l'histoire nous « apprend à peine, après de pénibles recherches, le nom de « quelque tête. »

---

## La Maison Bouquey (14)

---

La demeure de l'héroïque Girondine est située à Saint-Émilion, dans la haute ville, rue du Clocher. Elle est occupée par une école libre de garçons. Le directeur se fait un plaisir de conduire et guider les touristes qui demandent à visiter la Grotte et le Puits des Girondins. La Maison Bouquey est un édifice qui appartient à la fin du XVII$^{e}$ et au commencement du XVIII$^{e}$ siècle. A l'intérieur, quelques vestiges de décoration indiquent que les appartements furent ornés avec luxe. On voit encore dans l'ancien salon une cheminée en marbre blanc où se trouve un écusson portant, jadis, les initiales R et B, du mari de Thérèse Dupeyrat.

Rien de plus tranquille et riant que l'aspect de cette maison ; rien de plus paisible que l'existence de ses habitants, jusqu'au jour où l'héroïsme de Mme Bouquey appela sur eux la proscription et la mort.

Mme Bouquey résidait à Paris, où elle n'était ni connue, ni inquiétée ; apprenant que son beau-frère Guadet et ses amis, les Girondins proscrits, erraient, depuis de longs jours, à la recherche d'un introuvable asile, elle quitta la capitale pour venir mettre au service des fugitifs mis hors la loi, sa maison, ses soins, sa tendresse et sa vigilance... A minuit, *le 12 Octobre 1793* les sept proscrits *Guadet, Salle, Louvet, Buzot, Petion, Valady et Barboux,* s'y réfugièrent.

---

## Le Puits des Girondins

---

Dans le jardinet de la Maison Bouquey est un puits carré profond de 30 mètres, creusé en plein roc .. Une pierre que l'on y jette n'atteint l'eau qu'après une longue chute et un bruit sinistre et lointain... Des trous creusés dans les parois latérales du puits facilitent la montée et la descente ; mais une telle gymnastique est effrayante, au-dessus des profondeurs perfides et attirantes du puits.

C'est le chemin qu'emploient, journellement, les Girondins pour sortir de l'admirable *cachette* que leur avait réservée leur courageuse hôtesse. Qu'était donc ce dur escalier de l'exil, l'*altrui scale* dont le Dante parle avec tant d'amertume, à côté de ces rudimentaires degrés que les Girondins étaient condamnés à gravir au péril de leur vie ? L'imagination populaire, justement frappée de ce dramatique épisode, a donné un nom, désormais historique, au Puits de la Maison Bouquey : c'est *le Puits des Girondins*.

---

## La Grotte des Girondins (15)

---

Un escalier moderne, assez raide, conduit dans l'admirable *cache* où Mme Bouquey *nicha* — suivant sa pittoresque expression — les sept Girondins proscrits.

La Grotte des Girondins est une salle fort irrégulière, mais

La Grotte des Girondins

spacieuse, qui possédait, elle-même, sa cave, galerie plus profonde, obstruée aujourd'hui, à laquelle on parvenait en se laissant glisser par un trou fermé d'une planche. C'est là que pendant près de trois mois vécurent, grâce à l'ingéniosité et aux soins incessants de leur aimable hôtesse, que Louvet appelle *un ange du Ciel,* les proscrits Guadet, Salle, Louvet, Buzot, Pétion, Valady et Barbaroux.

La visite du Puits et de la Grotte des Girondins est un pieux pélerinage qu'il ne faut pas manquer de faire.

Quand on pénètre dans cette grotte — vrai tombeau — il semble qu'il plane encore quelque chose du désespoir et de la rage de ces sept cœurs robustes qui se brisèrent là ! « Ces jeunes gens, bouillants d'exubérance et de besoin d'action, fiers d'avoir touché les sommets, se voyaient enfouis vivants, côte à côte, comme dans un sépulcre ; vaincus, réduits à l'impuissance, n'osant parler par crainte de l'écho sonore, ils restaient là, rongés de pensées ! »

Le 17 Juin 1794, M^me^ Bouquey, son père François-Xavier Dupeyrat et Robert Bouquey, furent arrêtés, conduits à Bordeaux et guillotinés le 2 Thermidor an II (20 Juillet 1794).

## Le Couvent des Cordeliers (16)

Rue Guadet, devant la pharmacie Bodin, nous prenons la rue du *Portail Brunet* et arrivons sur une petite place ombragée d'un ormeau plusieurs fois centenaire.

De la place du *Cap du Pont,* on a une magnifique vue sur la basse ville de Saint-Emilion. *La Commanderie,* appartenant à M. Landé-Lapelletrie, est contemporaine des fortifications. On y voit encore deux fenêtres romanes analogues à celles du Palais-Cardinal, un chemin de ronde terminé par une tourelle en encorbellement. Dans les sous-sols, on a découvert de très nombreux silos. La tradition veut que la Commanderie ait été la demeure des *Templiers*.

Rue du Couvent des Cordeliers

L'ordre des Frères Mineurs ou Franciscains, plus connus sous le nom de *Cordeliers*, fondé en 1215 par saint François d'Assise, eut un premier couvent situé hors les murs de Saint-Émilion, sur le plateau de *Villemaurine*, au lieu dit *Les Menuts*. Le monastère fut ruiné pendant les guerres de la première moitié du XIVe siècle. Les rois d'Angleterre Edouard II, le 8 Février 1338 ; Edouard III le 20 Janvier 1341, accordèrent aux Cordeliers de grands privilèges et le droit de s'installer *intra muros*. Les Papes, Clément VI en 1343 et Grégoire XI en 1374, autorisèrent l'édification nouvelle de leur Eglise et Couvent. La construction ne commença qu'après le 4 Septembre 1438.

---

## Le Cloître des Cordeliers (16)

---

C'est une des plus gracieuses merveilles de Saint-Emilion. Une cour de grosse ferme, sans grand caractère, le précède.

Le Cloître, carré, était formé de galeries de 21 mètres 50 ; une seule est entière. Elles se composaient de huit arcades à plein ceintre, reposant sur deux colonnettes monolithes géminées et surmontées de tailloirs. La galerie orientale est formée d'arcatures ogivales du XV$^{e}$ siècle. Un petit porte-cloches carré, bâti de 1343 à 1373, repose, d'une façon

Le Cloître des Cordeliers

hardie et pittoresque, sur deux arcs superposés dans l'angle nord-est du Cloître. Un large escalier conduisait aux bâtiments du premier étage et aux cellules monacales.

Une incroyable végétation a envahi ces ruines pittoresques ; le lierre noueux, les plantes saxifrages et les fougères, accrochent aux colonilles grêles, aux tailloirs, aux arcs ogivaux les festons frissonnants de leurs vertes ramures, où nichent des oiseaux. Un silence lourd et presque effrayant pèse sur ces pieuses ruines. A l'aspect de ces murs croulants, de ces pierres brisées et rongées de mousses, de cette végétation capricieuse et sauvage, de cet abandon, le cœur se serre, malgré lui, péniblement impressionné, et une douce et mélancolique tristesse vous envahit.

## La Chapelle du Couvent des Cordeliers

Cette église n'a qu'une nef du xv$^{e}$ siècle, terminée par une abside à pans coupés. L'arc triomphal, hardi et pittoresque, une délicieuse crédence du xv$^{e}$ siècle, très pure de forme et de style, les fenêtres de l'abside, sont les seules choses à voir. Une folle végétation a envahi les pierres écroulées des voûtes de l'abside. Au-dessous des ruines du maître-autel, un caveau sépulcral sert d'entrée aux souterrains, dans lesquels se fabriquent les *Grands Vins Mousseux du Clos des Cordeliers.*

## Le Portail Brunet (17)

La rue qui passe devant le Couvent des Cordeliers, conduit à la Porte Brunet — encore appelée, dit-on, *Porte de la Brèche* —

Le Portail Brunet

la seule porte de la ville encore debout. C'est par cette porte qu'un parti de Henri IV, commandé par Sully, prit la ville par surprise, en 1580.

C'est par le Portail Brunet que le 17 Juin 1794, à la nuit noire, s'enfuirent les Girondins proscrits : Buzot, Pétion et Barbaroux. Le lendemain, dans les champs de Saint-Magne-

La Tour du Guetteur

de-Castillon, Barbaroux se blessait d'un coup de pistolet. Arrêté et conduit à Bordeaux, il mourut sur l'échafaud le 7 Messidor an II.

A la même époque, 25 Juin 1794, les corps, demi rongés par les chiens et les loups, de Buzot et Pétion, étaient découverts sur le territoire de la commune de Saint-Magne-de-Castillon.....

Sur l'un des terre-pleins de la Porte Brunet, a poussé un

bel ormeau à l'ombre duquel on s'asseoit pour admirer, par l'échancrure des coteaux, l'opulente et fraîche vallée de la Dordogne.

Une route escarpée descend au fond du vallon, en suivant le trajet des anciennes fortifications, dont il reste, sommée de balustres, la curieuse *Tour du Guetteur* (n° 18 du plan de Saint-Émilion), où se tenait en permanence une sentinelle pour signaler l'approche de l'ennemi.

---

## La Madeleine (19)

De la place de la Porte Bouqueyre, ombragée d'ormeaux et de tilleuls, un chemin agreste, orienté vers le couchant, conduit sur le plateau de la Madeleine.

Jadis, un immense cimetière occupait toute la surface du plateau, dont une grande partie est, à présent, complantée en vignes.

*La Chapelle de la Magdeleine* (n° 19 du plan de Saint-Émilion) que laisse très aimablement visiter le propriétaire du Château Ausone, M. Jean Dubois-Challon, n'a pas grand caractère et offre peu d'intérêt.

Sur la face Nord, on a laissé, très heureusement, subsister quelques-unes des curieuses tombes, creusées à même le roc, de cet original et antique cimetière de la Madeleine.

Au-dessous de la Chapelle, existe un curieux *ossuaire,* sur le rocher duquel on distingue, assez facilement, de très intéressantes peintures des XIII<sup>e</sup> et XIV<sup>e</sup> siècles, qui représentent le Jugement Dernier.

Du premier Temple chrétien érigé sur le plateau *Sancta Maria a Lucaniaco,* il ne reste plus que d'informes substructions.

Enfin, la tradition veut, encore, que la villa du poète proconsul latin Ausone se soit élevée sur le même plateau.

A' mi-flanc du coteau de la Madeleine, sont situées de célèbres caves de *GRANDS VINS MOUSSEUX.*

## Autres Curiosités de Saint-Émilion

*L'Hôtellerie de la Paix.* — Ainsi nommée par Emilien Piganeau, mon savant prédécesseur à la Société Archéologique de Saint-Émilion, est occupée par une école libre de jeunes filles, rue Guadet, près de l'Hôtel-de Ville et en face du Couvent des Jacobins. C'est une tourelle hexagonale crénelée, dont les divers étages offrent des pièces, curieusement voûtées, ornées de toiles peintes avec d'intéressantes clefs de voûte historiées.

*La Chapelle du Chapître* donne dans la rue du Clocher. Elle est devenue la propriété de la Société Historique et Archéologique de Saint-Émilion, qui a décidé, une fois sa restauration achevée, d'en faire son siège social. Cette délicieuse Chapelle est une des plus fines constructions du XIII-XIV[e] siècle que nous possédions à Saint-Émilion.

*La Commanderie* est située sur la place du Cap-du-Pont, au devant de l'Eglise et Couvent des Cordeliers. Cette bâtisse, contemporaine de la construction des Murailles de Saint-Émilion, possède deux fenêtres romanes géminées et un chemin de ronde avec tourelle, en encorbellement sur la rue.

Ajoutons que des rues abruptes et fort pittoresques, sur lesquelles donnent d'antiques fenêtres à menaux, donnent à Saint-Émilion une physionomie toute particulière.

# ENVIRONS DE SAINT-ÉMILION

A un kilomètre environ à l'ouest, se trouve l'*Eglise Saint-Martin de Mazerat* (XI^e siècle), annexe de Saint-Émilion, remarquable par son abside, son clocher carré, reposant sur une coupole byzantine, et son portail sud.

Au-dessous du cimetière, celui même de Saint-Émilion, on aperçoit les ouvertures de *vastes carrières*.

Le clocher roman était plus élevé ; les jurats de Saint-Émilion en firent démolir deux étages, à l'époque des guerres de religion, craignant que les huguenots qui menaçaient la ville, n'en fissent une forteresse redoutable.

Un peu plus bas, en descendant dans le vallon, est la *Chapelle de Mazerat*, qui offre des caractères du XIV^e siècle, mais remaniée en grande partie au XV^e. Le cardinal de Sourdis y avait établi une confrérie.

Dans la commune de Saint-Sulpice-de-Faleyrens, à toucher le bourg, est le *château de Lescours*, des XIV^e et XV^e siècles ; la façade occidentale est du XVII^e siècle. Il est encore protégé, du côté du couchant, par des douves. C'était un domaine considérable, vendu par morcellement depuis quelques années.

— Au lieu de Pierrefitte, limite des communes de Saint-Sulpice et Saint-Émilion, on voit, sur la route de Libourne à Branne, un énorme *menhir* de près de 5 mètres de hauteur et de 3 de large, d'où le nom de Pierrefitte, *petra fixa*, dont il est fait mention dans des titres des XIV^e^ et XV^e^ siècles ; il est classé comme monument historique de l'Etat.

— Tout près se trouvait une *Chapelle de Saint-Martial*,

Vue générale de Saint-Émilion

fondée au XVI^e^ siècle ; vendue en 1792 comme propriété nationale, elle a été détruite et remplacée par une maison bourgeoise.

Sur le bord de la Dordogne, derrière ladite maison, est une fontaine de Saint-Martial, autrefois objet d'un pélerinage.

— Le village de Carré, entre la grande route de Castillon et la Dordogne, rappelle un *combat* qui, pendant les guerres de la Fronde, eut lieu en Mai 1649, près du pont jeté sur le ruisseau du Tailhas, entre les troupes du duc d'Épernon et les milices bordelaises, qui furent battues et dont le chef, le marquis de Chambaret, fut tué.

— Dans la direction nord de Saint-Émilion, on aperçoit l'*église de Montagne ;* à droite, dans les arbres, le *Château des Tours,* édifice du XIVe siècle, entouré de garennes, flanqué de tours rondes ou carrées, château ayant appartenu à l'ancienne famille de Calvimont.

— A gauche, on voit un château plus moderne, celui de Saint-Georges, bâti par Louis, architecte du Grand-Théâtre de Bordeaux.

— Dans la commune de Parsac se trouvent les belles ruines du *château de Malangin,* construit en 1330.

Enfin, nous indiquons à nos aimables lecteurs, une des plus jolies excursions à faire dans les environs immédiats de Saint-Émilion : c'est une visite aux Grottes de Ferrand.

---

## Les Grottes de Ferrand

---

Ces Grottes, objet de curiosité locale, ont préoccupé les représentants de la science archéologique. L'un d'eux, Émilien Piganeau, savant archiviste, leur a consacré de nombreuses pages en 1892 (Société Archéologique de Bordeaux, t. 17, p. 101-21), où il fait allusion aux Druides et parle ensuite de « Souterrains, refuges, caches, sinon d'Albigeois, du moins de protestants ».

Aucune de ces hypothèses ne concorde avec les archives de Ferrand, où la « Description des grottes et du labyrinthe » est longuement relatée par leur créateur, Elie de Bétoulaud, seigneur de Ferrand, Saint-Poly, etc..., dans une lettre à M^lle^ de Scudéry. Le comte Pierre de Roquette-Buisson (Un poète bordelais au XVII^e^ siècle, Revue Philomathique de Bordeaux, XI^e^ année, n^os^ 1, 4 et 6, 1908), note que « les observations les plus fécondes de Bétoulaud furent ses deux adorations : Louis XIV et M^lle^ de Scudéry ». Aussi, le

Le Grand Couloir des Grottes de Ferrand

labyrinthe est-il dédié, dans l'une de ses parties : *Virtuti æternæ Ludovici magni* et dans l'autre : *Musis et Otio* « pour témoigner, explique Bétoulaud, que ce lieu est consacré à la vertu éternelle de Louis le Grand, aux Muses et au loisir, afin qu'on y célèbre, toujours en paix, la gloire de ce héros ». Bétoulaud avait paré les grottes d'orangers placés dans les niches et intercalé, sur les pilastres qui les séparaient, des bustes de héros et de dieux, avec celui du Grand Roi. Rien ne subsiste de ces ornements et le rocher est redevenu aussi rustique que jadis.

Dans la partie du labyrinthe vouée aux Muses, se trouvent le salon et la salle à manger de Sapho, nom sous lequel M^lle^ de Scudéry correspondait avec Damon, son grand ami de Bétoulaud. Aussi, M^lle^ de Scudéry, en Septembre 1685, au retour d'un voyage aux Pyrénées vint, avec sa suite, visiter Bétoulaud. A la suite d'une fête qui lui fut offerte dans les Grottes, elle y engagea une discussion d'où est sortie, plus tard, sa *Conversation sur le Repentir* et voilà pourquoi, au moment où les carrosses étaient prêts à partir, Bétoulaud lui fit chanter une dernière galanterie :

Hélas, charmante compagnie,
Qu'il est dur de vous voir partir !
Mon cœur vous suit et je l'envie
Sans crainte de m'en *repentir*.

# LES GRANDS VINS
# DE SAINT-ÉMILION

La juste renommée des grands Vins de France fait, à notre pays, une place privilégiée dans le monde.

Les Vins de Saint-Émilion sont parmi les plus connus et goûtés. Cette réputation, largement méritée, tient à leurs exceptionnelles qualités de générosité, de finesse et de bouquet qui en font *« la plus haute expression des Vins de côtes »*.

Les Vins de Saint-Émilion possèdent leurs titres de noblesse, qu'on en juge plutôt.....

Les hauteurs occupées par Saint-Émilion étaient, jadis, couvertes par une immense et sombre forêt qui s'enfonçait jusque dans le Périgord et était limitée par l'Isle et la Dordogne. Ces hauteurs, propres à la culture de la vigne, demeuraient en friche, et le cep Biturige ou de la Garonne, si connu des anciens croissait, alors, dans des lieux froids et humides. C'est, sans doute, l'empereur Valerius Probus qui, vers l'an 275, pour maintenir la discipline dans son armée et la mettre en garde contre les périls d'une inaction trop prolongée, fit défricher, par ses soldats, la forêt qui recouvrait le pays, assécher les marais et planter cette vigne, dont l'excellence ne devait pas tarder à acquérir, jusque sur la table des Césars, une juste réputation qui s'est toujours perpétuée depuis.

De cette époque datent les établissements romains, dont on retrouve les ruines en tant d'endroits, presque toujours sur les coteaux ou sur leur versant, côté du midi. La tradition exige que sur le riant plateau de la Madeleine se soit, jadis, élevée la villa du célèbre poète-proconsul latin Ausone, où il récoltait des vins exquis, ce qui lui fit écrire : « La gloire de Bordeaux n'est pas moins grande à Rome que celle de *notre* vin. »

Au Moyen-Age, les Vins de Saint-Émilion figurent parmi les meilleurs crûs, ainsi qu'il ressort d'une ballade du XIe siècle, de Henri d'Andeli : *La Ballade des Vins*. Dans un fabliau du XIIIe siècle, intitulé *La Bataille des Vins,* où le roi Philippe le Bel assigne les rangs aux vainqueurs, le Saint-Émilion arrive, en bonne place, au milieu des comtes et des pairs.

Le roi Edouard II d'Angleterre tint le Saint-Émilion en très haute estime. Le 24 Octobre 1312, la Jurade lui offrit cinquante tonneaux « *vinus claris puris et legalibus* » Le Monarque les remercia en accordant aux bourgeois de Saint-Émilion, par lettres patentes de son grand échanson Gauthier Waldschef, le privilège de ne pouvoir être emprisonnés pour dettes.

Le 28 Janvier 1546, Henri d'Albret ; l'année suivante, la reine de Navarre, reçurent en cadeau : une pipe de Vin de Saint-Émilion, qu'ils prisèrent fort.

En 1602, le cardinal de Sourdis, à qui les Jurats offrirent le Vin de la Ville, se découvrit et dit : « *Je te salue, ô Roi des Vins.* »

En 1615, Louis XIII déclara que le Vin de Saint-Émilion était « *véritablement exquis* ».

En 1650, Louis XIV, passant à Libourne, voulut bien goûter ce vin fameux. Le Roi-Soleil l'appela « *un doux nectar* ».

En 1696, les Jurats envoyèrent au marquis de Boufflers un tonneau de Vin de Saint-Émilion, qu'il appela son « *Vin de santé* ».

Le marquis de Tourny, recevant quelques bouteilles de Saint-Émilion, déclara ce Vin : « *le meilleur qu'il fût possible de boire, sans en excepter le Médoc qui, suivant l'opinion d'Helvétius et de Fagon, médecins de la Cour, agace les nerfs et donne la goutte* ».

Ces éloges flatteurs montrent que le Vin de Saint Émilion fut apprécié depuis la plus haute antiquité et particulièrement goûté au Moyen-Age.

Le Saint-Émilion n'a pas démérité depuis. Nous n'en voudrions pour preuve que la faveur dans laquelle il est tenu par les fins gourmets et les nombreuses récompenses qu'il ne cesse d'obtenir aux diverses Expositions et où il conquiert, de haute lutte, les plus enviées récompenses.

---

## Le Droit à l'appellation de « Saint-Émilion » au Moyen-Age et de nos jours

---

Les magistrats municipaux de Saint-Émilion luttèrent, pendant tout le Moyen-Age, avec une louable constance et de persévérants efforts, pour la sauvegarde des droits de la Communauté au sujet des *Vins de Saint-Émilion.*

Jalousement fière de la qualité des Vins du pays, la Jurade de Saint-Émilion lutta avec une farouche énergie contre la fraude, qui voulait user, comme de nos jours, de cette brillante appellation : *Vin de Saint-Émilion.*

Pour donner aux consommateurs toutes les *garanties d'origine* possibles, la Jurade médiévale édicta toute une série de règlements draconiens et de mesures, vexatoires même, pour mettre fin aux intolérables abus.

Dès cette époque, la déclaration de récolte obligatoire, l'acquit d'origine, de piquettement des vendanges, l'apposition sur les fûts de la marque à feu aux armes de la Ville, l'emploi exclusif des barriques de jauge bordelaise, tant d'excellentes mesures mises en vigueur, vinrent garantir l'origine et, partant, la qualité du vin vendu, expédié, consommé sous le nom de *Vin de Saint-Émilion.*

Dès le Moyen-Age, nous voyons lumineusement apparaître cette notion, primordiale, essentielle : « *Seuls, les Vins récoltés dans les limites de la Juridiction de Saint-Émilion, ont droit à l'appellation Saint-Émilion.* »

Les limites du territoire dans lequel devaient s'exercer les pouvoirs judiciaires des magistrats municipaux de Saint-Émilion, étaient telles encore, à l'aurore de la Révolution, qu'elles avaient été fixées aux XIIIe et XIVe siècles, par lettres patentes des rois d'Angleterre Edouard Ier en 1289 et 1295 ; Edouard II en 1312 ; Edouard III en 1341.

Ces limites sont trop connues pour les indiquer à nouveau. En outre de la Ville de Saint-Émilion, la Juridiction comprenait, dans son étendue, *huit Paroisses : Saint-Martin-de-Mazerat, Saint-Sulpice-de-Faleyrens, Saint-Laurent-des-Combes, Saint-Christophe-des-Bardes, Saint-Hippolyte, Saint-Brice-de-Vignonet, Saint-Pey-d'Armens* et *Saint-Etienne-de-Lisse.*

Ainsi donc, déjà au Moyen-Age, *tous les vins et seuls* les vins récoltés dans la limite *de la Juridiction* avaient droit à l'appellation *vins de Saint-Émilion.*

La Révolution supprimant les Jurades, remplaça les paroisses par les communes, dont les limites furent calquées, très approximativement, sur leurs devancières. En vertu des usages légaux, loyaux et constants, les habitants de l'ancienne Juridiction, c'est-à-dire les habitants des communes de : « Saint-Christophe-des-Bardes, Saint-Laurent-des-Combes, Saint-Sulpice-de-Faleyrens, Saint-Hippolyte, Saint-Pey-d'Armens, Saint-Etienne-de-Lisse, Saint-Brice-de-Vignonet, soutinrent qu'ils avaient le droit d'appeler leur vin : « *Saint-Émilion* ». C'était du moins la thèse du Syndicat de la Juridiction de Saint-Émilion.

Le Syndicat Viticole et Agricole de Saint-Émilion prétendait que seuls les vins récoltés dans l'étendue du Municipe de Saint-Émilion et quelques grands premiers crûs de côtes des communes de Saint-Christophe-des-Bardes et Saint-Laurent-des-Combes avaient droit à l'appellation de Saint-Émilion.

Depuis, des jugements sont venus confirmer, à peu de choses près, la thèse : les vins récoltés dans l'étendue des sept communes de l'ancienne Juridiction ont droit à l'appellation Saint-Émilion, au même titre que ceux récoltés dans l'étendue du Municipe de Saint-Émilion, dont le territoire — hors de l'enceinte des murs de ville — a été pris sur l'ancienne paroisse de Saint-Martin-de-Mazerat.

Ce qui permet de dire que les *Vins de Saint-Émilion* offrent une variété infinie, remarquable, une gradation ascendante (comme une véritable et harmonieuse gamme chromatique), allant des élégants et coquets vins de plaine aux grands premiers grands crus qui sont, véritablement, « *la plus haute expression des vins de côtes* », avec leurs exceptionnelles qualités de générosité, de finesse et de bouquet.

---

# LES MACARONS DE SAINT-ÉMILION

Une histoire de Saint-Émilion serait très incomplète si elle ne mentionnait une des plus jolies et délicates gourmandises, qui, fabriquée à l'ombre de son vieux clocher, fait la joie des gourmets et porte très au loin la réputation de Saint-Émilion.

Les Macarons de Saint-Émilion !... Il faudrait l'âme, l'esprit, le style... et aussi la gourmandise d'un Brillat-Savarin pour en vanter, comme il convient, la finesse, le parfum et l'exquise délicatesse. Ces adorables friandises, fleurant bon les amandes douces et relevées du goût piquant des amandes amères, accompagnent, excellemment, un verre de vieux vin de Saint-Émilion. A ce titre, elles sont le complément rêvé des grands et beaux vins de Saint-Émilion...

La légende prétend que ces exquises pâtisseries furent créées et fabriquées, tout au début, par les Sœurs Ursulines de Saint-Émilion... La véritable recette provient d'une demoiselle Boutin vivant il y a une centaine d'années. Or, dans les archives municipales de Saint-Émilion, j'ai découvert qu'une « sœur Boutin » était Ursuline à Saint-Émilion, à l'aube de la Révolution...

Telle est, vraiment — enfin découverte — l'origine exacte des Macarons de Saint-Émilion que les fins gourmets aiment et apprécient.

# LES GRANDS VINS DE SAINT-ÉMILION

---

Dans le cadre de cette étude, il ne pouvait s'agir de procéder — ainsi que de gros et savants ouvrages ont essayé de le faire — à un classement des vins de Saint-Émilion « *par ordre de mérite* ».

L'auteur de cette plaquette — à qui la qualité de Saint-Émilionnais donne, peut-être, le droit d'avoir une opinion en la matière — a jugé plus sage et opportun de classer les crus de Saint-Émilion *par ordre alphabétique*. Cette solution, éminemment simpliste, d'un problème très ardu sera, nous le pensons, aussi favorablement accueillie des propriétaires que goûtée de nos aimables lecteurs.

Les vins de Saint-Émilion tous très bons, offrent une variété infinie, une excellente gradation ascendante, allant des élégants et coquets vins de plaine (sables) aux beaux et riches vins de graves de Saint-Émilion et aux grands premiers crus qui sont « la plus haute expression des vins de côtes ».

---

# Chateau AUSONE

Premier des Grands Crus de Saint-Émilion

**Madame veuve Dubois-Challon, propriétaire**

Le cru d'Ausone est des plus anciens. La tradition veut qu'il occupe l'emplacement de la magnifique villa que le poète Ausone possédait à Lucaniac (Saint-Émilion). De là, d'ailleurs, lui vient son nom. Admirablement exposé au Midi, ce cru est entouré, au haut du coteau, d'une ceinture de rochers, carrières effondrées qui l'abritent complètement des vents du Nord.

Madame veuve Lafargue a pu, à force de soins et grâce à l'emploi judicieux des insecticides, conserver, chose rare à Saint-Émilion, toutes les vieilles vignes françaises de la propriété. Ses héritiers, M. Dubois-Challon et aujourd'hui Madame veuve Dubois-Challon, continuent son œuvre et voient leurs efforts couronnés de succès. Les ceps centenaires de ce cru produisent de 12 à 15 tonneaux d'un vin qui s'est depuis longtemps placé à la tête des vins de Saint-Émilion et du monde entier.

Le commerce lui accorde une forte prime sur tous les vins des régions Girondine et Bourguignonne produisant des vins fins. Le prix de ces vins, vendus seulement mis en bouteille au Château, ne peut être estimé à moins de 6.000 francs le tonneau.

Les chiffres sont éloquents ; ce qui l'est encore plus, ce sont les anciennes bouteilles de ce cru merveilleux qui ont conservé leur sève et leur finesse après soixante et quatre-vingts ans, faisant encore l'admiration des dégustateurs les plus difficiles.

## Chateau L'ARROSÉE

Premier Cru Saint-Émilion

**M. Dupuch, propriétaire**

Le vignoble de Château L'Arrosée, situé sur le flanc Sud des hauts coteaux supportant les grands premiers crus de Saint-Emilion, produit, annuellement, 25 tonneaux, en moyenne, d'un riche et très beau vin figurant, avec honneur, parmi les meilleurs et les plus célèbres de la région.

---

## Clos BADON (commune de Saint-Émilion)

Cru classé

**M. Ulysse Dugos, propriétaire**

Cet élégant petit vignoble est situé en pleine commune de Saint-Emilion, au sud des coteaux producteurs des grands premiers crus. Reconstitué avec méthode, il produit des vins se distinguant par leur belle couleur, jointe à un bouquet très agréable et à une grande finesse et délicatesse de goût.

# CHATEAU

# GRAND BARRAIL LAMARZELLE FIGEAC

Premier Cru Saint-Émilion

**Madame René Bouchart, propriétaire**

Production annuelle : 150 tonneaux

# CHATEAU DES BARDES

Premier Cru Saint-Émilion

**M. François Marzelle, propriétaire**

Avec le Château Pavie-Decesse, grand premier cru de Saint-Émilion, le vignoble du Château des Bardes complète, d'une manière parfaite, les propriétés de M. François Marzelle à Saint-Émilion.

La très heureuse exposition — toute en côtes — de ce magnifique vignoble ; le choix judicieux et éclairé des divers cépages complantés en riche terrain argilo-calcaire ; des soins attentifs et une parfaite vinification, concourent à l'élaboration d'un vin remarquable, très recherché du grand commerce.

Les vins du Château des Bardes, de belle tenue, de riche couleur et d'un très fin bouquet, offrent, très heureusement réunies, toutes les qualités des beaux et grands vins de Saint-Émilion.

La production moyenne du Château des Bardes, premier cru Saint-Émilion, est de 40 tonneaux environ.

---

## Chateau BALEAU

Premier Cru St-Emilion

**M. Malen, propriétaire**

Le Château Baleau — véritable oasis de verdure dans un paysage uniquement couvert de vignes — est situé sur la côte argilo-calcaire qui commence à l'ouest, la chaîne des coteaux de St-Emilion.

Par des soins et des sacrifices exceptionnels, les anciennes vignes françaises — dont quelques-unes centenaires — qui constituaient le vignoble, ont été maintenues. Leur production moyenne atteint, bon an mal an, 75 tonneaux.

Pour conserver à son vignoble la vieille renommée et l'estime dont le Château Baleau jouit parmi les premiers crus, son propriétaire fait aussi, avec le produit des vignes les moins bien situées ou les plus jeunes, un deuxième cru qui est également très apprécié dans sa classe.

## Chateau SAINT-MARTIN

Premier Grand Cru Saint-Emilion

**M. Malen, propriétaire**

Ce vignoble, situé sur la pente du rocher où s'élève la vieille église de St-Martin — ce bijou du XIIe siécle — fait partie de la croupe où s'étalent les premiers grands crus de Saint-Emilion. Reconstitué il y a 25 ans par les soins du propriétaire actuel, il donne un vin que le commercé de Bordeaux a classé parmi les meilleurs de la région.

## Chateau BALESTARD-LA-TONNELLE

Premier Crû Saint-Émilion

**M. Bertauts-Couture, propriétaire**

Le vignoble de Château Balestard-la-Tonnelle, premier cru Saint-Émilion, situé sur le sommet des coteaux, en plein terrain argilo-calcaire, complanté de cépages de premier choix, produit une quarantaine de tonneaux d'un vin exquis et remarquable qui, depuis l'Exposition Universelle de Paris en 1867 — où il obtint la médaille d'or — n'a cessé d'enlever, de haute lutte, les plus hautes récompenses.

L'ancienneté et la renommée du célèbre cru Château Balestard-la-Tonnelle sont attestées par l'opinion du fameux poète François Villon (1421-1485), exprimée dans les vers suivants, qu'un amateur de poésie gastronomique retrouva, il y a quelques années, dans ses œuvres posthumes :

Vierge Marie, gente déesse,
Garde-moi place en Paradis;
Oncques n'aurai joie ni liesse
Ici-bas, puisqu'il n'est permis
De boire ce divin nectar,
Qui porte nom de *Balestard*,
Qu'à gens fortunés en ce monde.
Or, suis miséreux et pauvret.
Si donc au Ciel, ce vin abonde,
Viens, doulce Mort, point ne m'effraye,
Porte-moi parmi les élus
Qui, là-haut, savourent ce cru.

# CHATEAU BÉLAIR-MARIGNAN

Premier Grand Cru Saint-Émilion

**M. Jean Dubois-Challon, propriétaire**

Le Château Bélair a toujours été placé en tête des premiers crus de Saint-Émilion. Son origine est fort ancienne. Comme l'excellent vignoble qui l'avoisine et qui porte encore le nom d'Ausone, il fut, dit-on, la propriété du célèbre poète latin; mais il faut arriver au XIVe siècle pour avoir des données vraiment précises sur l'histoire de Bélair.

Nous le voyons en effet, sous la domination anglaise, entre les mains de Robert de Knolles, grand Sénéchal et Gouverneur de la Guyenne, qui avait dans la région des terres considérables. Ce valeureux capitaine, l'un des tenants du combat des Trente, prit également part aux batailles d'Avray et de Navarette ; c'est là qu'il eut l'insigne honneur de recevoir l'épée de Bertrand Du Guesclin, et, s'il faut en croire la tradition, le héros breton demeura pendant quelque temps son prisonnier sur parole à Libourne. Lorsque la Guyenne fut définitivement reconquise par Charles VII, les descendants de Robert de Knolles ne quittèrent pas la contrée. Leur nom francisé devint Canolle et la terre de Bélair continua à rester en leur possession jusqu'à l'époque de la Révolution. Elle devint alors, un instant, la propriété d'un étranger, mais fut bientôt restituée à ses maîtres légitimes par l'entremise d'un serviteur fidèle. Après le mariage de la sœur du marquis Robert de Canolle avec le baron de Seissan de Marignan, Bélair échut en partage à ce dernier.

Le domaine, d'une contenance de 13 hectares, a été fortement ravagé par le phylloxéra; une partie est déjà replantée en vignes françaises, que l'on maintient grâce au sulfure de carbone, et l'on continue à reconstituer le vignoble en greffant les plus fins cépages sur pieds américains.

Le cru de Château Bélair doit son incontestable supériorité à la nature toute particulière du terrain, ainsi qu'à son heureuse orientation au midi et à l'est ; ses vins jouissent d'un ancien renom et à la liste des hautes récompenses obtenues par eux à différents concours est venue s'ajouter la médaille d'or que lui a décernée en 1889 le Jury de l'Exposition universelle et le Diplôme de Grand Prix à l'Exposition de Paris 1900.

Le Château Bélair était jadis placé en tête des crus de Saint-Emilion. La prime tout à fait exceptionnelle, constante, obtenue par Château Ausone et qui résulte des prix indiqués plus haut, nous a conduit à mettre ce cru en tête ; mais nous n'en estimons pas moins le cru de Château Bélair, qui n'a en rien démérité.

Le Château Bélair, voisin d'Ausone, est passé en 1916, aux mains de M. Dubois-Challon qui, en acquérant à la même époque le Château Chapelle-Madeleine, également limitrophe d'Ausone, a réuni, tout en leur conservant jalousement leur existence propre, les marques les plus connues et les plus appréciées de Saint-Emilion. Il a transmis cette propriété à M. Jean Dubois-Challon, son fils, qui en est aujourd'hui l'heureux propriétaire.

## CHATEAU BELLEFONT-BELCIER

Premier Cru Saint-Émilion

**M. le Professeur Jean-Louis Faure, propriétaire**

Le vignoble du Château Bellefont-Belcier, admirablement situé au flanc Sud des hauts coteaux, supportant les grands premiers crus de Saint-Émilion, est une des plus belles propriétés de la Gironde; sa parfaite et remarquable tenue lui a valu la Grande Médaille d'or de la Société d'Agriculture.

Le Château — édifié au pied du coteau où jaillissent des sources abondantes — à l'ombre de hauts platanes plusieurs fois centenaires, fait face à l'opulente plaine de la Dordogne aux aspects bucoliques et variés.

La propriété voisine du Château Le Tertre-Bellevue a été réunie au vignoble du Château Bellefont-Belcier formant un magnifique domaine viticole dont la production est d'une centaine de tonneaux environ.

Les remarquables vins du Château Bellefont-Belcier, premier cru Saint-Émilion, vinifiés d'après les données scientifiques les plus modernes, ont du corps, de la finesse et du bouquet.

## CHATEAU BELLE-ISLE-MONDOTTE

Premier Cru Saint-Émilion

**M. le Docteur Emygde Faure, propriétaire**

Le vignoble du Château Belle-Isle-Mondotte, premier cru Saint-Émilion, s'élève sur le versant oriental d'un pittoresque promontoire culminant à l'Église de Saint-Laurent-des-Combes, d'où l'on découvre un magnifique panorama sur la riche vallée de la Dordogne.

Depuis 1887, les vins du Château Belle-Isle-Mondotte ont obtenu de nombreuses et hautes récompenses aux diverses expositions, où ils figurèrent avec honneur. Dans le palmarès de ces derniers lustres nous relevons notamment une médaille d'or au Concours agricole de Paris en 1896.

En 1891, le Comice agricole de Libourne décerna à M. le Docteur Emygde Faure la prime cantonale pour la parfaite tenue du vignoble de Château Belle-Isle-Mondotte.

La production annuelle moyenne de ce premier cru St-Émilion est de 20 tonneaux environ.

Le Docteur Faure possède également le beau domaine du cru de Bourbaines, premier cru Saint-Émilion, dont la récolte annuelle est de 25 tonneaux environ.

## CHATEAU BERLIQUET

Premier Grand Cru Saint-Émilion

**M. le Vicomte de Carles, propriétaire**

---

Admirablement situé sur le plateau de la Magdeleine et le versant ouest des grands côteaux supportant les Châteaux Canon et la Magdeleine, dominant de haut les splendides vallées de l'Isle et de la Dordogne, le vignoble du Château Berliquet, premier grand cru de Saint-Émilion, produit un vin d'une finesse remarquable, qui a obtenu, aux diverses Expositions auxquelles il a pris part, les plus hautes récompenses.

La production annuelle du Château Berliquet, premier grand cru de Saint-Émilion, est de 30 tonneaux environ.

---

## CHATEAU CAP DE MOURLIN

Premier Cru Saint-Émilion

**M. A. Rideau, propriétaire**

M. A. Rideau possède à côté de Grand-Faurie le vignoble de Cap de Mourlin. Cet excellent cru, qui est parfaitement encépagé, produit aussi, grâce à ses vieilles vignes françaises, des vins corsés, moelleux et fins, très recherchés du commerce.

Le Château Cap de Mourlin, admiralement situé, produit des vins généreux et fins. Comme dans son domaine de Grand-Faurie, M. A. Rideau apporte des soins parfaits à la culture de ce vignoble.

# Chateau LA CLOTTE DE GRAILLY
# ET
# BERGAT-BOSSON-PIGASSE

Premier Cru Saint-Émilion

**M. Sylvain Chailleau, propriétaire**

Le Château La Clotte, premier cru classé — acheté en 1913 par M. Chailleau Sylvain — attenant au Clos Bergat-Bosson-Pigasse, forme, avec ce dernier, un vignoble d'une appréciable étendue.

Les embellissements et les améliorations qu'a fait subir, à ces deux vignobles le nouveau propriétaire qui les a reconstitués avec de bons cépages fins (noir de Pressac, Merlot et Bouchet), ont permis de faire de ces deux propriétés réunies un site merveilleux. Comment n'en aurait-il pas été ainsi ? Car les deux vignobles sont admirablement bien exposés en plein Midi; ils reçoivent les rayons du soleil du matin au soir ; ils sont abrités du vent du Nord par les remparts, les ruines de Saint-Émilion et les rochers de La Clotte et de Bergat ; leur sol élevé est favorable à une précoce maturité ; leur fond est argilo-calcaire et leur surface est sablo-argileuse (crasse de fer). C'est ce qui donne au vin cette sève et cette finesse remarquable, cette générosité de corps si recherchée et une certaine amertume qui lui est spéciale et qui est tout à son avantage en vieillissant.

Le Château La Clotte et le Clos Bergat Bosson réunis doivent être considérés comme des meilleurs premiers crus de St-Émilion, ayant déjà fait partie du groupe des grands crus qui a obtenu plusieurs récompenses depuis l'Exposition de 1867.

## CHATEAU CANON LA GAFFELIÈRE

Premier Cru Saint-Émilion

**Madame Peyraud, propriétaire**

Le Château Canon-La Gaffelière, d'une contenance de 22 hectares, produit, en moyenne, 60 tonneaux d'excellent vin dont les rares qualités de finesse et de bouquet le font classer, avec honneur, parmi les premiers crus de Saint-Émilion.

Le vignoble de Château Canon La Gaffelière, par son heureuse disposition, au pied même des grands coteaux qui supportent les premiers grands crus de Saint-Émilion, par le choix avisé et judicieux de ses divers cépages — tous très vieux — produit des vins moelleux, fins, d'une parfaite tenue, qui expliquent et justifient la faveur dont ils jouissent auprès des gourmets, des fins connaisseurs et des négociants.

## DOMAINE DE GRAND-FAURIE

Premier Cru Saint-Emilion

**M. A. Rideau, propriétaire**

Le domaine de Grand-Faurie comprend environ 3 hectares. Situé au lieu dit de Grand-Faurie, sur un sol sablo-argileux à fond de crasse-de-fer, il est composé de vieux plants français : cabernet (bouschet), merlot et malbec (noir de Pressac).

Si, grâce à des soins tout particuliers, ce vignoble a conservé de vieilles vignes françaises, son rendement est beaucoup moindre que celui des crus reconstitués en plants américains greffés, mais ses vins ont la supériorité que donne l'âge de la vigne.

Tout en étant moelleux et fins, ce sont des vins corsés d'une longue durée et d'un grand avenir.

## CHATEAU LE CASTELOT

Premier Cru Saint-Émilion

**MM. Marcel Loubat, commandeur du Mérite agricole et L. Galhaud, propriétaires**

Au milieu de vertes frondaisons, à l'ombre des arbres de haute futaie, le Château du Castelot profile, gracieusement, son élégante silhouette médiévale pleine de charme et de poésie... Admirablement bien situé au pied des hauts coteaux des grands premiers crus, le Château du Castelot, excellent cru Saint-Emilion, est un magnifique domaine.

Le vignoble du Château du Castelot, uniquement planté en cépages choisis, produit un vin exquis, d'une souplesse, d'un bouquet et d'une finesse remarquables, apanage seul des grands premiers crus.

La récolte annuelle moyenne du Château Le Castelot est de 50 tonneaux environ.

---

## CHATEAU SAINT-LAURENT

ANCIENNEMENT

### CHATEAU BALADOZ

Premier Cru Saint-Émilion

**MM. Marcel Loubat et L. Galhaud, propriétaires**

Le Château Saint-Laurent, anciennement Château Baladoz, culmine au sommet des hauts plateaux supportant les grands premiers crus de Saint-Emilion. Des terrasses du Château on jouit d'une vue splendide sur l'opulente et riche vallée de la Dordogne aux aspects bucoliques et variés. Le vignoble du Château Saint-Laurent, grâce à son exposition remarquable, au choix judicieux et éclairé des divers cépages et aussi à une parfaite et savante vinification produit, annuellement, une trentaine de tonneaux d'un vin généreux, puissant, séveux, extrêmement fin qui l'a fait classer parmi les premiers crus Saint-Emilion.

# Clos des CORDELIERS

**MAISON FONDÉE EN 1892 - MÉTHODE CHAMPENOISE**

**F. & L. de Muret, propriétaires**

Le Cloître des Cordeliers à Saint-Émilion

Lé Clos des Cordeliers à St-Émilion, avec ses ruines prestigieuses et imposantes offre, aux visiteurs, un cadre d'une émouvante et poétique originalité.

Du chœur voûté de l'Église des Cordeliers il ne reste plus qu'un arc triomphal, très pur de style ; une délicieuse crédence et des fenêtres du xv^e^ siècle finement sculptées. Le lierre et les plantes saxifrages courent sur les pierres effondrées de l'autel et garnissent de leurs vertes frondaisons les colonilles monolithes géminées des arceaux du Cloître des Cordeliers. Un sentiment de poignante et douce mélancolie se dégage de ces ruines magnifiques qui sont parmi les plus belles de Saint-Émilion.

Si le charme mélancolique et doux des vieilles pierres patinées de soleil, fleuries de lierres et de mauves attire, par milliers, les visiteurs au Clos des Cordeliers, le fin gourmet n'a garde d'oublier que c'est dans les caves du Clos des Cordeliers que se trouve le plus fin et le plus connu des Grands Bordeaux Mousseux, le célèbre : « Clos des Cordeliers », propriété de MM. F. et L. de Muret.

L'énorme développement pris par le Clos des Cordeliers qui expédie annuellement plusieurs centaines de milliers de bouteilles de Grands Bordeaux Mousseux est une preuve absolue et péremptoire de l'exquise qualité de ce « mousseux » qui peut rivaliser, sans déchoir, avec les « champagne » les plus connus et les plus hauts côtés. Après la visite des caves, déguster un « Clos des Cordeliers ».

*Direction et Bureaux :* 5, rue Michel, BORDEAUX - Téléphone 39.63.
*Caves de Champagnisation :* Clos des Cordeliers, à SAINT-ÉMILION - Téléphone 7.

## CAP-DE-MOURLIN

Premier Cru Saint-Émilion

**M. A. Capdemourlin, propriétaire**

La rencontre du nom patronymique d'un propriétaire avec le nom de la localité où se trouve sa propriété n'est pas chose banale. C'est cependant ce qui se présente ici, la famille de M. Capdemourlin étant depuis près de trois siècles propriétaire au village qui porte son nom. Jadis, cet endroit s'appelait Artugon ; mais il a été depuis si longtemps en possession de la même famille, qu'il n'est plus connu, aujourd'hui, que sous le nom de Cap-de-Mourlin.

Le vignoble de Cap-de-Mourlin remonte la côte nord de Saint-Émilion et les ceps de ses vignes vont fraterniser avec ceux du Château Le Cadet, un des grands premiers crus de Saint-Émilion. Complanté des cépages les plus fins et entouré des soins éclairés de son propriétaire, il produit, en moyenne 30 tonneaux d'un excellent vin corsé et bouqueté, fort estimé du commerce.

..... « La tradition et les textes s'accordent ; et, lorsque nous disons que, depuis près de trois siècles, la famille Capdemourlin possède le même remarquable Domaine, nous n'avançons rien que de très exact. En effet, dans le dépouillement des Archives municipales de Saint-Emilion, j'ai eu la bonne fortune de découvrir, dans le Registre de la Jurade de Saint-Emilion, du 1er Juillet au 24 Juin 1647, la très intéressante et curieuse note inédite suivante :

« Le *23 Mai 1647*, Gabriel Champeau, ancien maire, remet au Procureur d'office un acte à *payer 45 livres à Tony Capdemorlin pour raison de 3 barriques fournies au régiment de Des Vezeaux.* »

P. B.-R.

---

# Domaine de Cassevert

Deuxième Cru Saint-Émilion

**Madame Veuve H. Schalburg, propriétaire**

Un des plus curieux et des plus pittoresques domaines de Saint-Émilion, que son exposition à flanc de coteau, en plein Midi; les terrasses successives retenues par de petits murs en pierres sèches et la richesse de son sous-sol feraient prendre pour un beau vignoble Syrien, produisant, lui aussi, un vin exquis analogue au célèbre « *vin d'or du Liban* ».

Depuis de longues années, les grands vins du « Domaine de Cassevert » ont conquis la faveur des gourmets par leurs exceptionnelles et remarquables qualités de corps, de tenue, de finesse et de bouquet, qualités qu'ils doivent à la sélection toute spéciale des cépages les plus réputés pour donner, non pas de la quantité, mais de la qualité, ce qui justifie la haute faveur des vins du « Cassevert » auprès du grand commerce belge et bordelais.

Le « Domaine de Cassevert », deuxième cru Saint-Émilion, produit annuellement une récolte moyenne de 30 à 35 tonneaux environ.

---

## CHATEAU LA CLUSIÈRE

Premier Cru Saint-Émilion

**Mademoiselle Alix Faure, propriétaire**

Ce joli vignoble, l'un des plus anciens de Saint-Émilion, est admirablement situé sur les pentes des coteaux où s'accrochent pittoresquement, avec les siens, les vieux ceps des grands crus de Pavie.

Les « Château La Clusière » sont de grands vins d'antique noblesse qui furent, de temps immémorial, classés avec les meilleurs. Bouquetés, souples et vigoureux, ils sont fins mais robustes dans leur jeunesse, exquis dans leur maturité, et leur vieillesse solide fait toujours l'admiration des connaisseurs.

Palmarès du Château La Clusière : Récompenses aux Expositions universelles de Paris 1867 ; Paris 1878 ; Bordeaux 1882 et Paris 1889 ; Exposition de Bordeaux 1895 : Médaille d'or ; Exposition de Bruxelles 1898 : Médaille d'argent ; Exposition universelle de Paris 1900 : Médaille d'argent ; Exposition universelle de Liège 1905 : Médaille d'or ; Exposition Maritime de Bordeaux 1907 : Médaille d'or ; Exposition Franco-Britannique, Londres 1908 : Médaille d'or ; Exposition universelle de Bruxelles 1910 : Diplôme d'honneur.

## CHATEAU COUPERIE

Premier Cru Saint-Émilion

**M. Louis Haudegand, propriétaire**

Le vignoble de Château Couperie, situé en plein cœur de la commune de Saint-Émilion, se compose du domaine de Château Couperie, proprement dit, et des propriétés de Pagaud et du Colombier, ayant appartenu à des premiers crus de Saint-Émilion. Le tout forme un magnifique ensemble d'un seul tenant, de plus de 25 hectares, réservant autour du Château un très beau parc, faisant du Château Couperie, une des plus jolies résidences de Saint-Émilion.

Le vignoble du Château Couperie, premier cru Saint-Émilion, produit une moyenne annuelle de 135 tonneaux d'excellents vins très prisés du grand commerce bordelais.

Les vins du Château Couperie ont obtenu, depuis 1889, les plus hautes récompenses aux diverses expositions où ils ont pris part.

## CHATEAU LA CLOTTE GRANDE COTE

Premier Cru Saint-Émilion

**M. Henri Loubière, propriétaire**

Le Château La Clotte Grande Côte, premier cru Saint-Émilion, est une très belle enclave au milieu des grands premiers crus d'Ausone, Bélair, Pavie.

Replanté en 1888 avec des plants français greffés, ce vignoble, grâce à sa magnifique exposition à flanc de coteau, en plein Midi, produit de beaux vins pleins, alcoolisés et d'une grande finesse qui leur permet de rivaliser, très heureusement, avec les grands premiers crus de Saint-Emilion.

Acheté en 1913 par M. Henri Loubière au Marquis de Grailly, le vignoble du Château La Clotte Grande Côte, premier cru Saint-Emilion, objet de soins constants et attentifs, produit une récolte moyenne de 20 tonneaux environ, d'un vin exquis et très apprécié.

---

## QUINQUINA RABELAIS

**Au vin blanc moelleux supérieur**

Cet excellent apéritif, préparé à St-Émilion par M. A. LEYNIER, avec un *vin blanc vieux supérieur* qui, par sa supériorité et son extrême finesse, se classe, avantageusement, parmi les meilleurs crus. Légèrement relevé avec de la *vieille eau-de-vie de Languedoc*, aux qualités éminemment hygiéniques et à base exclusive de *Quinquina*, il constitue un cordial exquis, de saveur délicate, une boisson saine et rafraîchissante et un délicieux apéritif.

**APÉRITIF DES GOURMETS**

**Demandez « UN RABELAIS »**

# CHATEAU CURÉ-BON LA MADELEINE

Grand Premier Cru Saint-Émilion

**M. Landé-Lapelletrie, propriétaire**

Ce magnifique vignoble, perle enchassée dans un superbe écrin, entre Ausone, Bel-Air et Canon, fut planté, vers le milieu du siècle dernier, sur le plateau de la Madeleine, par le curé Bon, mort en 1874. Des lettres datées de 1615 nous le montrent déjà comme appartenant à sa famille. Son neveu Camille Lapelletrie et ses héritiers continuèrent, avec un soin jaloux, la culture des vieux ceps français du vénérable curé, dont la plupart subsistent encore. Aussi expert dans la conduite d'un vignoble que fin connaisseur en vin, le brave homme justifiait bien son nom patronymique et n'était par ennemi d'une douce gaîté. Ayant attendu longtemps les négociants acheteurs de ses vins et les ayant finalement vendus à l'un d'eux, il constata ce fait mémorable par une inscription en latin... facile, que l'on peut encore lire dans le vieux chai de la Madeleine : *Veniebant mercatores exeuntenque gustabant ; denique tandem venit quidam mercator, qui ernit, et solvit ipso facto. Reddidit gratias Deo venditor.*

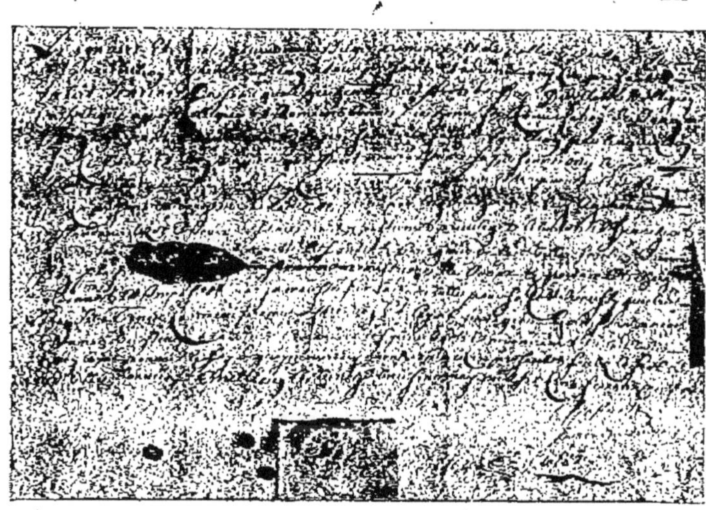

Fac-simile du titre de Bourgeoisie de la famille du Curé Bon (1669)

# CHATEAU PETIT-FAURIE DE SOUTARD

Premier Cru Saint-Émilion

**M. T.-P. Corbière, propriétaire**

Le Château Petit-Faurie de Soutard, avec ses belles caves et ses vastes chais, est situé au nord-est et aux portes de la ville de Saint-Émilion, sur un des points culminants d'où la vue s'étend au loin sur les riches vignobles qui l'entourent. Il fut détaché, en 1851, du grand domaine de Soutard, et compris dans le deuxième lot du partage de ce domaine. Il est contigu au sud et à l'ouest au château Soutard et voisin des célèbres crus de Cadet-Piola et de Balestard-la-Tonelle. Remontant à la plus ancienne origine, il a toujours été placé à la tête des premiers grands crus de Saint-Émilion, et sa renommée mondiale, qu'il doit à sa situation privilégiée sur le sommet d'un plateau calcaire avec terres fortes sur le flanc, et de nature sabloneuse au pied du coteau, où l'on trouve mélangés de gros châtons de crasse de fer arrondis et noirâtres ressemblant à la truffe, depuis la grosseur d'un œuf de pigeon jusqu'à celle d'une noisette. Tout cet ensemble de sols et de sous-sols réunis et si rares dans un même vignoble, joint aux choix des cépages les plus fins donne à ces vins, en nouveau, la belle couleur et le corps des grands vins de Saint-Émilion, et le bouquet, la finesse et la souplesse qui tient le juste milieu entre les grands vins de Saint-Émilion et de Pomerol. Cette dernière qualité, la plus précieuse, lui vient de ses terrains sablonneux ou siliceux mélangés de crasse de fer.

Les nombreuses médailles ou diplômes qu'ont obtenus ces vins dans les concours et Expositions de France et de l'Etranger ne font que confirmer sa juste renommée.

La production annuelle de ce cru est de cinquante à soixante tonneaux.

# Chateau de FERRAND

Premier Cru Haut-Saint-Émilion

**Ancien Domaine des Marquis de Mons**

**Comte P. de Roquette-Buisson et L. Fraissaingea**

**propriétaires**

---

Le Domaine de Ferrand occupe sur la chaîne des coteaux fameux de Saint-Émilion un plateau élevé dont la situation vinicole est exceptionnellement privilégiée. Environné de tous côtés par de belles charmilles et des bois de chêne magnifiques, il forme un bloc d'une étendue considérable dans lequel est enclavée l'église de Saint-Hippolyte.

Son important vignoble, constitué par les plus fins cépages, fournit une récolte annuelle d'environ 200 tonneaux. Ses vins, généreux et délicats, pleins de corps et de bouquet, sont supérieurement estimés au premier rang des crus de Saint-Émilion et ont obtenu dans les grandes Expositions de France ou de l'Etranger les plus hautes récompenses. Leur renommée remonte d'ailleurs très loin dans le passé : Le *Bulletin Philomathique* notait, sous Napoléon Ier, que 50 ans auparavant, vers le milieu du XVIIIe siècle « on recherchait *à tous prix* les vins de la dame de Mons ».

Le Domaine de Ferrand appartient en effet, depuis plusieurs siècles, à la famille des Marquis de Mons de Dunes. Son Château a été remanié et agrandi sous Louis XIV, au moment de la disparition du vieux Château de Saint-Poly.

Au XVIIe siècle, furent creusées, en l'honneur du *Grand Roy*, par la fantaisie d'un des anciens seigneurs de Ferrand et de Saint-Poly, les curieuses grottes, disposées sur le versant du coteau, d'où la vue s'étend en perspectives infinies sur la plaine de la Dordogne. Le plan compliqué, parfois étrange, qui les caractérise leur a fait attribuer des origines druidiques, albigeoises ou calvinistes en de savantes hypothèses dont aucune ne résiste à l'examen des archives de Ferrand.

(Voir cliché des grottes de Ferrand, *supra* p. 59).

# Chateau FOMBRAUGE

Premier Cru Saint-Émilion

**Colonel Paul Galy-Aché, propriétaire**

L'origine du Château Fombrauge remonte au xvɪᵉ siècle. Le vignoble de Château Fombrauge, premier cru Saint-Emilion, magnifique domaine de 37 hectares, s'étage pittoresquement sur le flanc de coteaux, gracieusement ondulés, à 3 kilomètres à peine des vieux remparts crénelés de la ville fameuse que fonda le pieux ermite Saint-Emilion. Grâce à son admirable situation privilégiée, à l'heureuse constitution de son sol, au choix judicieux de ses cépages, et aussi surtout aux nouvelles méthodes scientifiques de culture et de vinification, le vignoble de Château Fombrauge produit un délicieux vin très corsé, que sa rare finesse, son bouquet exquis et sa merveilleuse couleur rubis ont depuis longtemps, déjà, classé au rang des grands crus de Saint-Emilion.

Au point de vue archéologique, il importe de signaler que le Château Fombrauge, premier cru Saint-Emilion, est un très beau spécimen de l'architecture du xvɪᵉ siècle; sa terrasse fleurie offre un cadre embaumé d'où l'on découvre un splendide panorama; un singulier et précieux cadran solaire équatorial porte la date de 1679; enfin un chêne géant, quatre fois centenaire, dont le tronc mesure plus de six mètres de circonférence; se couvre au printemps de majestueuses frondaisons qui attestent l'étonnante verdeur de ce contemporain de Henri IV.

Le vignoble de Château Fombrauge, premier cru Saint-Émilion, donnant 80 tonneaux de récolte annuelle, est aujourd'hui la propriété du colonel Paul Galy-Aché qui, justement, fier de perpétuer les hautes traditions et les exceptionnelles qualités qui ont fait sa grande renommée, consacre son activité, son intelligence et son cœur à l'embellissement et à la prospérité de ce magnifique domaine.

## Château FONPLÉGADE

Premier Cru Saint-Émilion

**Madame Paul Boisard, propriétaire**

Le Château Fonplégade, ancienne propriété du Duc de Morny, est une des gloires vinicoles de Saint-Émilion.

Le vignoble du Château Fonplégade, premier cru Saint-Émilion, parfaitement abrité des vents du Nord et de l'Ouest, occupe sur le versant Sud des coteaux de Saint-Émilion une espèce de conche, d'une quinzaine d'hectares d'étendue.

Le terrain argilo-silico-calcaire produit d'excellents vins dont la maturité, le moelleux, la finesse et le bouquet ont été, de tout temps, fort appréciés.

Les vins du Château Fonplégade, premier cru Saint-Émilion ont obtenu les plus hautes récompenses à toutes les expositions.

## Chateau LA GAFFELIÈRE-NAUDES

Premier Cru Saint-Émilion

**M. le Comte Louis de Malet-Roquefort, propriétaire**

Le Château La Gaffelière-Naudes et les bâtiments d'exploitation de la magnifique propriété du Comte Louis de Malet-Roquefort à Saint-Emilion, situés au fond d'un gracieux vallon — entre les côtes fameuses portant les grands premiers crus d'Ausone, Bélair et Pavie — recouvrent les antiques substructions d'une célèbre maladrerie, hôpital primitif de lépreux, gahets ou gaffets... d'où son nom moyennageux de Gaffelière.

Au centre d'un très beau parc aux harmonieuses et vertes frondaisons, le Château moderne délicieusement calqué sur un joli manoir du XIV-XV[e] siècle, abrite une superbe galerie de riches tableaux et de magnifiques tapisseries d'Aubusson et des Gobelins.

Le vignoble du Château La Gaffelière-Naudes, premier cru Saint-Emilion — grâce à l'heureuse exposition de son coteau de Naudes — doit au choix judicieux de ses divers cépages, à son riche sous-sol argilo-calcaire, aux soins attentifs dont la culture de la vigne est l'objet, et à la parfaite vinification, l'exquise qualité de ses vins qui les font rivaliser, très heureusement, avec les grands premiers crus voisins.

Le vignoble du Château La Gaffelière-Naudes, premier cru Saint-Emilion produit une moyenne annuelle de 100 tonneaux de grand vin que le commerce Bordelais tient en très haute estime et que, depuis 1867, les jurys des diverses expositions récompensent de la médaille d'or.

## Chateau GAUBERT

Premier Cru Saint-Émilion

**M. Hector Rivière, propriétaire**

Le Domaine de Gaubert, appartenant à M. Hector Rivière, se trouve dans une admirable situation, sur les hauts coteaux de Saint-Emilion.

Sa contenance est de 10 hectares, sa production de 30 tonneaux environ.

On y trouve les meilleurs cépages, dont la finesse a donné à ce cru une grande réputation. Le seul classement existant actuellement et qui est affiché en lettres d'or à la Mairie de Saint-Emilion, le fait figurer parmi les premiers crus ayant obtenu la médaille d'or à l'Exposition de Paris 1867.

---

## Chateau GUEYROT

Saint-Émilion

**M. Maurice Thibeaud, propriétaire**

Les vignes qui produisent le vin de cet excellent cru sont plantées au sud et immédiatement au pied de ces coteaux fameux qui donnent les vins si réputés des Châteaux Pavie, La Clusière, etc. C'est dire la haute qualité de leur produit.

Moins corsés, mais aussi moins durs et plus souples que ceux mûris sur les coteaux, les vins du Château Gueyrot acquièrent plus vite leur entière perfection et se font alors remarquer surtout par une grande finesse et un bouquet délicat. Bouteilles exquises qui font la joie des gourmets et le profit des négociants avisés !

# Chateau MAGDELAINE

Premier Grand Cru Saint-Émilion

**M. G. Jullien-Chatonnet, notaire à Saint-Émilion propriétaire**

---

Le Château Magdelaine domine et commande la splendide vallée de la Dordogne. Le domaine du Château Magdelaine appartient, depuis plus de deux siècles, à la famille Chatonnet. Le vignoble, complanté en cépages de premier choix, est soutenu par de puissantes murailles qui apparaissent « comme une forteresse, œuvre de « feu J. Chatonnet qui tenait à maintenir à son beau rang le « domaine familial..... Le Château domine le vignoble juché au-« dessus de falaises percées d'ouvertures donnant accès à d'interminables « nables galeries souterraines, fleuries de câpriers. Vers le « couchant, tout près de la route, une grotte pénètre, haute et « noire encadrée de plantes folles, au-dessous de la vigne ; c'est la « grotte de la fausse monnaie..... ».

Le vin du Château Magdelaine, premier grand cru de St-Émilion, est un vin brillant et velouté, généreux, avec une incomparable finesse, un bouquet exquis et un léger goût d'amertume qui flatte, au plus haut point, le palais des plus experts et des plus raffinés.

Les vins du Château Magdelaine, ainsi que ses voisins Château Ausone et Château Bélair, ont atteint, en primeurs, des prix excessivement élevés et ont obtenu les plus hautes récompenses. M. Jullien, qui a été plusieurs fois hors concours, est membre titulaire du Comité Français des Expositions à l'Étranger.

Le vignoble du Château Magdelaine, complanté en cépages français de premier choix, produit une moyenne annuelle de 20 tonneaux d'un vin qui — soigné suivant les méthodes modernes les plus scientifiques et perfectionnées — se recommande par une belle couleur, du corps, de la chaleur, beaucoup de sève et de fruit, et par un moelleux remarquable.

---

## CHATEAU MALINEAU

Premier Cru Saint-Émilion

**M. C. Pistouley, propriétaire**

Le Château Malineau culmine au pic de Mondot d'où l'on jouit d'une vue splendide sur toute la région Saint-Emilionnaise, uniformément couverte de riches vignobles.

Dans les vins du Château Malineau on retrouve, très heureusement combinées, les remarquables qualités de sève, finesse, corps et bouquet qui sont les caractéristiques des grands premiers crus de Saint-Emilion : « la plus haute expression des vins de côtes ».

Le vignoble du Château Malineau produit 20 à 25 tonneaux de récolte annuelle moyenne.

---

## CHATEAU
## MAGNAN-LA GAFFELIÈRE

Premier Cru Saint-Émilion

**M. Ch. Pistouley, propriétaire**

Le Château Magnan-La Gaffelière produit annuellement 20 à 25 tonneaux d'un riche et très beau vin qui figure, avec honneur, parmi les premiers crus de Saint-Émilion.

Le vignoble du Château Magnan-La Gaffelière doit à la richesse de son sous-sol, à son encépagement de choix, à sa culture rationnelle et à sa parfaite vinification l'exceptionnelle qualité de ses vins que recherchent le grand commerce et qu'apprécient, si hautement, les gourmets.

## Chateau MATRAS

Premier Cru Saint-Émilion

**M. le Vicomte de Carles, propriétaire**

Séparé du Château Berliquet par le chemin de Saint-Martin au tertre de Daugay, le vignoble du Château Matras, premier cru Saint-Émilion, doit le cachet supérieur de ses vins à l'encépagement de choix et surtout à son sous-sol silico-graveleux, où abonde la crasse de fer.

La production moyenne du Château Matras est de 30 tonneaux environ, d'un vin délicieux, offrant une souplesse et un bouquet des plus agréables.

## Chateau MAURENS

Deuxième Cru Saint-Émilion

**M. le Vicomte de Carles, propriétaire**

Le Château Maurens est situé à Saint-Hippolyte, Juridiction de Saint-Émilion, sur le versant des coteaux dominant la vallée de la Dordogne, à 3 kilomètres des anciens remparts de la ville de Saint-Émilion.

Le vignoble du Château Maurens, 2me cru de Saint-Émilion, complanté de vieilles vignes greffées — dont certaines ont plus de 30 ans — dans une terre riche, au sous-sol argilo-calcaire, produit un vin des plus estimés, qui en font un des plus recherchés de la Juridiction de Saint-Émilion.

La production annuelle de Château Maurens est d'une cinquantaine de tonneaux.

## CLOS DES SARRAZINS

M. de Carles a créé, dans le vignoble de Château Maurens, sous le nom de Clos des Sarrazins, un excellent cru de Vin Blanc. Le vignoble de Clos des Sarrazins, complanté de sémillon, de muscadelle et de sauvignon, produit des vins délicats et liquoreux qui ont acquis, très rapidement, une juste notoriété. Les plus grandes maisons de commerce bordelais et de l'étranger recherchent, à de hauts prix, les vins du Clos des Sarrazins.

La production moyenne est de 20 à 25 tonneaux environ.

## CHATEAU MAZERAT

Premier Crû Saint-Émilion

**M. le Comte Maurice de Boüard de Laforest, propriétaire**

---

Le vignoble du Château Mazerat, ancienne propriété du chevalier Charles Duffrain de Lavergne, est l'un des plus vieux et des meilleurs premiers crus de Saint-Émilion. La très haute antiquité de ce magnifique domaine est attestée par la grande quantité de sarcophages gallo-romains et mérovingiens que l'on découvre dans son riche sous-sol et par la délicieuse chapelle romane voisine de Notre-Dame de Mazerat, fondation de la reine Éléonore d'Aquitaine.

La production annuelle du Château Mazerat est d'une trentaine de tonneaux, environ, d'un riche vin, généreux, chaud, d'une belle couleur et d'une très grande finesse, se vendant un très haut prix.

---

## CHATEAU L'ANGELUS DE MAZERAT

Premier Cru Saint-Émilion

**Madame la Comtesse Maurice de Boüard de Laforest, propriétaire**

---

Pittoresquement accroché au flanc des coteaux supportant les premiers grands crus de Saint-Émilion, le joli vignoble du Château L'Angelus de Mazerat — qui pendant plus de trois siècles appartint à la famille Gurchy — est devenu la propriété de Madame la Comtesse Maurice de Boüard de Laforest.

Les vins du Château L'Angelus de Mazerat, premier cru Saint-Émilion, possèdent infiniment de moelleux, de finesse et de bouquet qui les font priser des gourmets et rechercher du grand commerce.

La production annuelle moyenne du Château L'Angelus de Mazerat est d'une vingtaine de tonneaux environ.

## CLOS DES GRANDES MURAILLES

Premier Grand Cru Saint-Émilion

**M. Malen, propriétaire**

Le Clos des Grandes Murailles étend, comme un hommage au passé, le vert tapis de son beau vignoble au pied de cette énorme et fière muraille, témoin inébranlable de tant de sièges, qui domine et semble encore protéger la vieille ville de St-Émilion. Le vignoble s'étale jusque sous les murs mêmes de la cité et donne un vin de premier cru, de qualité parfaite.

---

## CHATEAU LA MARZELLE

Premier Cru Saint-Émilion

**Madame Gorphe, propriétaire**

Le Château La Marzelle, d'origine fort ancienne, tire son nom d'une vieille source (marzelle) qui existe toujours devant le Château de Madame Gorphe.

Le vignoble du Château La Marzelle, premier cru Saint-Émilion, est uniquement planté de cépages fins produisant un vin remarquable qui réunit heureusement les qualités du Pomerol et du Saint-Émilion.

Ce merveilleux vignoble, d'une situation rare, d'une tenue irréprochable, voisin de Château Figeac, est situé, comme lui, sur la bande de sables et de cailloux qui va former les terrains des grands premiers crus de Pomerol.

Le Château La Marzelle, premier cru Saint-Émilion, produit annuellement 40 tonneaux d'un vin plein de bouquet, de finesse et de corps, très hautement apprécié des premières maisons de commerce de Bordeaux.

Les vins du Château La Marzelle, premier cru Saint-Émilion, ont obtenu les plus hautes récompenses aux expositions de Bordeaux en 1895, Liège en 1905, Bruxelles en 1910, etc., etc.

# HATEAU PAVIE-DECESSE

Premier Grand Cru Saint-Émilion

**M. François Marzelle, propriétaire**

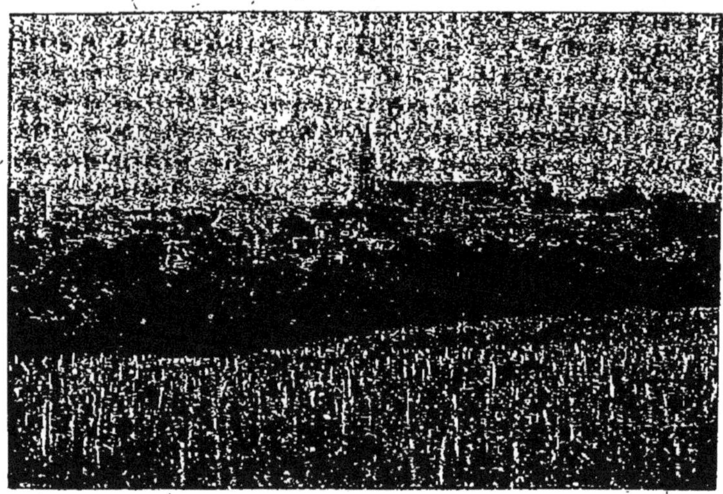

Le vignoble du Château Pavie-Decesse, considéré depuis longtemps comme un des grands premiers crus de Saint-Émilion, culmine sur un haut plateau, face aux coteaux supportant les fameux crus de Bélair et d'Ausone, dont il est un heureux rival.

De ce magnifique vignoble, le regard émerveillé découvre la splendide vallée de la Dordogne et contemple le panorama de Saint-Émilion, dont les vieux monuments, resplendissent dans l'écrin moyennageux de ses hautes et fières murailles crénelées.

Les vins de Château Pavie-Decesse sont de haute et noble réputation. Les grandes années de 1811, 1815, 1829, 1845, 1849, 1865, particulièrement prisées, figurèrent avec honneur dans de nombreuses manifestations officielles.

Dans le palmarès de ces derniers lustres, nous voyons que les vins de Château Pavie-Decesse n'ont rien perdu de leur antique réputation ; une médaille d'or aux Expositions de Paris en 1900 ; Saint-Louis en 1904 ; Bordeaux en 1907, est la preuve de la faveur dans laquelle les différents Jurys internationaux tiennent ces nobles et très beaux vins.

La production moyenne du Château Pavie-Decesse, grand premier cru Saint-Émilion, est de 30 tonneaux.

## Chateau GRAND-PONTET

Premier Cru Saint-Émillon

**M. G. Combrouze, député de la Gironde, propriétaire**

M. G. Combrouze a formé trois crus avec les vignes qu'il possède à Saint-Emilion.

Faisant revivre un des plus anciens premiers crus, il a groupé autour des vignes de Grand-Pontet ce qui constitue la partie haute de son vignoble, de *La Carte* aux *Trois-Moulins,* et il a ainsi formé un crû supérieur qui se classe par son sol, ses cépages de premier choix et la perfection de ses vins parmi les premiers crus de Saint-Emilion

La partie la plus basse de son vignoble a conservé le nom de cru *Franc-Petit-Bois* et fournit d'excellents vins un peu moins corsés que ceux de *Grand-Pontet.* mais ayant tous les caractères des vins de Saint-Emilion, sève très riche, finesse et bouquet pleins de charme.

Inutile d'ajouter que ces crus sont cultivés avec les soins les plus grands.

---

## Chateau SAINT-ÉMILION

Premier Cru Saint-Émilion

**M. G. Combrouze, député, propriétaire**

M. Combrouze, maire de Saint-Émilion, député de la Gironde, désireux de posséder un tout premier cru de la commune qu'il administre depuis 25 ans s'est rèndu acquéreur, en 1917, d'un superbe vignoble placé sur le beau coteau ouest de Saint-Emilion, à 900 mètres environ, à vol d'oiseau, de l'église collégiale, et à 400 mètres de l'église de Saint-Martin.

La situation géographique de ce domaine, en plein centre des crûs les plus réputés, est donc unique.

Le Château Saint-Emilion est constitué par un vignoble de quatre hectares environ produisant en moyenne 25 tonneaux d'un des vins les plus fins, les plus souples et les plus parfumés, réalisant en un mot les plus précieuses et les plus rares qualités des premiers crus et des vins de grande race.

## Chateau PUY-BLANQUET

Deuxième Cru Saint-Émilion

**M. le Comte Louis de Malet-Roquefort, propriétaire**

Les 40 hectares du vignoble de Château Puy-Blanquet, deuxième cru Saint-Émilion, magnifiquement exposés à flanc de coteau, doivent au judicieux encépagement de plants américains greffés, composés des meilleurs producteurs de Saint-Émilion et du Médoc, l'exceptionnelle qualité de leur vin d'une remarquable tenue et d'une sève étonnante.

Les vins du Château Puy-Blanquet, deuxième cru Saint-Émilion, ont obtenu de très flatteuses récompenses aux diverses expositions où ils ont figuré avec honneur et distinction, notamment à Paris en 1889; Bordeaux, 1895; Paris, 1900; Saint-Louis, 1904; Bordeaux, 1907; Bruxelles, 1910.

Le vignoble du Château Puy-Blanquet, deuxième cru St-Émilion, produit une moyenne de 150 tonneaux de récolte annuelle, très prisés du grand commerce Bordelais.

---

## CHATEAU RIPEAU

Premier Cru Saint-Émilion (GRAND PREMIER CRU DE GRAVES SAINT-ÉMILION)

**M. Marcel Loubat, commandeur du Mérite agricole, propriétaire**

Le Château Ripeau, premier cru Saint-Émilion, est une magnifique propriété d'une contenance de 25 hectares environ.

Situé dans les Graves de Saint-Émilion, le vignoble de Château Ripeau, complanté en grande partie de vieilles vignes françaises, produit un vin généreux, remarquable par sa grande finesse et son bouquet particulier.

Les vins du Château Ripeau sont le type achevé des Grands Vins de Graves Saint-Émilion qui procèdent à la fois des Pomerol et des Saint-Émilion.

La production annuelle moyenne de Château Ripeau, premier cru Saint-Émilion, est de 80 tonneaux environ.

---

## CRU-VIEUX CHANTE-CAILLE SAINT-ÉMILION

Premier Cru Saint-Émilion

**M. Marcel Loubat, propriétaire**

---

## CHATEAU JEAN-FAURE

Premier Cru de Graves St-Emilion

**M. Marcel Loubat, propriétaire**

---

Le beau vignoble de Château Jean-Faure, premier cru des Graves de Saint-Émilion, merveilleusement situé, vient d'être reconstitué avec un soin tout particulier.

D'une contenance de 17 hectares, environ, ce magnifique domaine au sous-sol sabloneux et graveleux sur couches d'argile et d'alios, complanté de beaux cépages judicieusement choisis produit un vin ayant beaucoup de finesse, très bouqueté avec infiniment de souplesse.

La récolte annuelle moyenne de Château Jean-Faure, premier cru de Graves de Saint-Émilion, est de 50 tonneaux environ.

## CHATEAU SOUTARD

Premier Cru Saint-Émilion

**Madame du Foussat de Bogeron, propriétaire**

Admirablement situé sur le plateau et en haut du versant Nord de Saint-Émilion, le Château Soutard est ceint d'un grand vignoble, des plus beaux et des mieux tenus du pays.

Par la qualité des cépages; par les soins apportés à la vinification, par ceux dont le vin est entouré dans les chais, les propriétaires successifs, actuellement Madame du Foussat de Bogeron et le comte et la comtesse M. de Ligneris, ont su conserver au produit de leur domaine la réputation qu'il avait acquis en des temps reculés.

La récolte annuelle s'élève, en moyenne, à 75 tonneaux d'un vin qui se distingue par sa finesse et son bouquet. Il a obtenu des médailles d'or aux Expositions de Paris et d'Anvers.

Comme on peut le voir, digne du vignoble est l'habitation, dont le corps de logis, élégant et sobre, est dû à l'inspiration de l'architecte Louis.

---

## CHATEAU JAUMA

Saint-Émilion

**M. H. Sirey, propriétaire**

---

## CLOS LARCIS-SIREY

Premier Grand Cru Saint-Émilion

**M. H. Sirey, propriétaire**

# CHATEAU TRIMOULET

Premier Cru Saint-Émilion

**M. Edmond Jean, propriétaire**

Le vignoble du Château Trimoulet, situé sur le versant Nord des coteaux de Saint-Émilion même, produit des vins très renommés, depuis sa fondation qui date de 1848.

Sa superficie est de 15 hectares et sa production annuelle de 40 à 50 tonneaux.

Complanté avec les meilleurs cépages qui font la renommée des vins du pays, ce vignoble est l'objet de soins tout particulièrement suivis; c'est ainsi que les vieilles vignes françaises y sont conservées en état de produire des vins d'une grande supériorité, spécialement destinés à la mise en bouteilles.

La reconstitution indispensable se fait avec méthode, de façon à conserver au vin de ce cru sa renommée incontestée.

Le propriétaire s'attache par dessus tout à la qualité, ce qui lui a valu pour ses produits, à toutes les expositions, les plus hautes récompenses.

# Chateau VILLEMAURINE

Premier Cru Saint-Émilion

**Madame Raoul Passemard, propriétaire**

---

Le Château Villemaurine est situé à côté des remparts de Saint-Émilion à l'angle N.-E. des fortifications, à peu de distance du Palais Cardinal, sur une des parties les plus estimées de cette belle commune.

Cet excellent cru a été réuni en 1893, par M. Passemard, à celui qu'il possédait depuis longtemps à côté, et qui semblait ne faire qu'un avec lui.

Ce vignoble est en partie composé de vignes françaises et complanté des cépages les plus fins, sur un sol argilo-calcaire, assis sur deux étages superposés de carrrières, dans lesquelles sont de magnifiques caves. Il est l'objet des soins les plus parfaits. Ses vins classés, parmi les meilleurs premiers crus de St-Émilion, ont figuré à toutes les Expositions universelles, notamment à celle de Paris 1889 dans le groupe du Syndicat de Saint-Émilion, qui a obtenu un grand prix collectif. Ils ont obtenu, en outre, à la même Exposition, une médaille d'or personnelle, ainsi qu'aux Expositions d'Anvers 1894, Amsterdam 1896, Bruxelles 1897, etc.

A l'Exposition internationale de Bordeaux 1895, à celles de Paris 1900 et Liège 1905, ce premier cru, l'un des plus estimés parmi les premiers, a été hors concours, M. Passemard faisant partie du jury ; il en a été de même pour l'Exposition de Bordeaux 1907, où M. Passemard était président de la deuxième section du jury des vins.

---

# NOTE DE L'AUTEUR

---

Un élémentaire souci de justice nous fait un devoir de déclarer que *tous* les crus de Saint-Émilion ne figurent pas dans la nomenclature qui précède. Seuls, ont trouvé place dans ce volume, les crus des propriétaires qui ont bien voulu répondre à notre appel et de qui nous avons reçu de précieux et efficaces encouragements, pour mener à bien notre modeste ouvrage de vulgarisation, qui fera mieux connaître, et partant, mieux aimer notre chère petite ville natale, ses beaux monuments, ses grands vins et ses exquis macarons.

Dans les pages qui précèdent, nos aimables lecteurs reconnaîtront quelques-uns des clichés et des lignes entières consacrées aux divers crus de Saint-Émilion par « l'Annuaire de la Gironde » et surtout par le gros ouvrage de Ch. Cooks et Ed. Féret *« Bordeaux et ses Vins classés par ordre de mérite »*.

Nous rendons, bien volontiers, aux auteurs, l'hommage qui leur est dû, en déclarant que rien de mieux n'a été fait jusqu'à ce jour; à preuve les textes — que nous ont adressés les divers propriétaires intéressés — que nous avons fidèlement reproduits, en notant qu'ils étaient la copie exacte de ce que Cooks et Féret avaient écrit dans leur savant ouvrage.

---

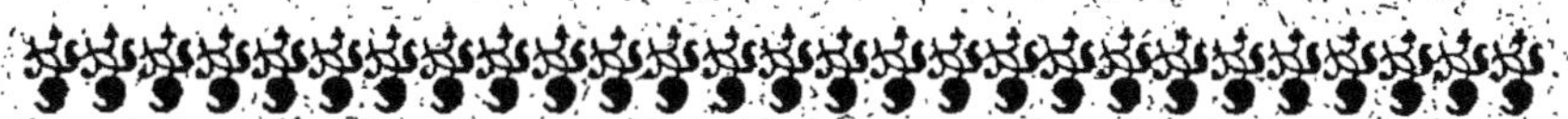

# TABLE DES MATIÈRES


| | PAGES |
|---|---|
| Saint-Émilion a travers les ages | 5 |
| Histoire religieuse | 9 |
| Histoire civile | 11 |
| Visite de Saint-Émilion | 19 |
| Guide du Touriste pour la visite des principaux Monuments. | 21 |
| Plan de Saint-Émilion | 22 |
| Saint-Émilion, ses Monuments | 23 |
| Environs de Saint-Émilion | 56 |
| Les Grands Vins de Saint-Émilion | 61 |
| Les Macarons de Saint-Émilion | 66 |
| Les Grands Vins de St-Émilion (vues et notices de divers crus) | 67 |
| Note de l'Auteur | 103 |


Les clichés des pages 75, 77, 78, 81, 98 ont été extraits de *Bordeaux et ses Vins*, de Ch. Cooks et Ed. Féret.



Imprimerie Libournaise, 68, rue Président-Carnot et rue Orbe, 27.

www.ingramcontent.com/pod-product-compliance
Ingram Content Group UK Ltd.
Pitfield, Milton Keynes, MK11 3LW, UK
UKHW021552260726
13993UKWH00002B/794

9 782329 198897